FREUD

PARA LA VIDA DIARIA

PAIDÓS

Desarrollo editorial: Anónima Content Studio /
María Elena Pease Dreibelbis (edición), Lucía Rheineck Salem (redacción)
Cuidado editorial: Equipo Editorial Anónima Content Studio
Asesoría especializada: Carlos Pastor Soto
Diseño de interiores, portada y fotoarte: Lyda Sophia Naussán
Diagramación: Nicolle Cuéllar Betancourt
Foto interior: Bill Waterson / Alamy Stock Photo

Bajo el sello editorial PAIDÓS M.R.
Avenida Presidente Masarik núm. 111,
Piso 2, Polanco V Sección, Miguel Hidalgo
C.P. 11560, Ciudad de México
www.planetadelibros.com.mx
www.paidos.com.mx

Primera edición en formato epub: octubre de 2024
ISBN: 978-607-569-815-1

Primera edición impresa en México: octubre de 2024
ISBN: 978-607-569-810-6

Impreso en los talleres de Impresora Tauro, S.A. de C.V.
Av. Año de Juárez 343, Col. Granjas San Antonio,
Iztapalapa, C.P. 09070, Ciudad de México
Impreso y hecho en México – *Printed and made in Mexico*

«GRACIAS POR LOS MUNDOS QUE NOS HAS ABIERTO Y QUE AHORA RECORREMOS SOLOS, sin guía, fieles para siempre y venerando tu memoria, Sigmund Freud, el amigo más precioso, el maestro adorado».

Oración fúnebre pronunciada
por Stefan Zweig ante el féretro.

CONTENIDO

INTRODUCCIÓN

Hay personas cuyas vidas trascienden generaciones y territorios, y nos convocan como humanidad a mirar el mundo de manera diferente. Incluso hoy, más de ocho décadas después de su muerte, nadie nos hace pensar tanto en nosotros mismos como Sigmund Freud, quien iluminó el siglo XX con su trabajo pionero sobre la mente humana: un enfoque para analizarla, el psicoanálisis, y un método para adentrarse en sus intersticios: la terapia psicoanalítica.

A lo largo de su vida fue construyendo sobre el conocimiento previo, el propio y el de sus colegas y mentores con quienes trabajó y discutió día a día. Fue un investigador insaciable que se propuso conocer la mente humana y se atrevió a observar, describir, nombrar e interpretar lo que las personas apenas nos atrevemos a preguntarnos.

Freud esbozó un modelo psicológico para ayudar a entendernos. Nos conduce a visualizar la mente humana a través de la metáfora del *iceberg*, del cual solo es visible una pequeña parte y lo demás queda sumergido en el inconsciente. Caracterizó y organizó la forma que toman nuestras voces internas, el *yo*, el *ello* y el *superyó*, en función de cómo se relacionan con los tres ámbitos de la mente que distingue el consciente, el preconsciente y el inconsciente. Además, formuló el vocabulario para transitar este universo personal y social, y sus pequeños y enormes recovecos: represión y pulsión, entre otros. En sus investigaciones sobre el inconsciente, identificó diversas formas en que este se revela y nos hace tropezar a través de los actos fallidos y encontró en nuestros sueños similitudes con los chistes y el humor, estrategias comunes para liberar tensión psíquica.

Es más que probable que entender el dinamismo de nuestra mente, el conflicto interno al que estamos sometidos de manera continua, es un ejercicio que nos tomaría toda la vida, pero Freud diseñó un medio para liberar el sufrimiento emocional o, al menos, intentarlo: la terapia psicoanalítica. ¿Somos conscientes de todo lo que hacemos y decimos, o incluso de lo que pensamos? Aprender a escucharnos, a identificar e interpretar nuestros patrones de pensamiento y actuación, es una tarea que vale la pena y nos beneficia. La guía de Freud es útil para comprender que nuestras motivaciones tienen múltiples orígenes y que al escuchar nuestras intuiciones podemos aprender a darle cabida en nuestro yo-consciente a aquello que se disfraza para que salga del inconsciente y nos entregue su mensaje.

Para nuestra suerte, este hombre nacido en los albores del s. XX se atrevió a pensar fuera de la caja y a tratar temas que eran mal vistos en la sociedad occidental de la época, como el instinto, el placer o el sexo. Llevó un minucioso registro de sus ideas, casos clínicos, conferencias, cartas e interpretaciones. Sus reflexiones han transitado por distintas etapas debido a su búsqueda persistente de orientaciones para el psicoanálisis y soluciones a problemas reales, tanto a nivel del individuo como a nivel social. Escribió, publicó y regresó sobre lo ya publicado para hacer correcciones a la luz de sus nuevas observaciones.

Las lecciones que se exploran en este libro nos evidencian que las teorías de Freud siguen vigentes para nuestra vida diaria. Veremos también que algunas han sido cuestionadas, incluso durante su vida, y eso está muy bien. Es necesario. Es así como se construye el conocimiento humano: elaboramos, dialogamos, discutimos, refutamos, reformulamos y seguimos pensando juntos. No podríamos hacerlo sin que él hubiera planteado las ideas iniciales que llevaron a otros a examinarlas y a refutarlas. Él mismo lo hacía de manera permanente —y esa es otra gran lección, el *bonus track*— «sin miedo al error»; tanto exponer nuestras ideas como mejorarlas es un indicador de que vamos por buen camino y avanzamos en este gran proyecto de la construcción del conocimiento humano.

Seguro se descubrirán formas más precisas de entender cómo funciona nuestra mente, pero siempre tendremos como base, como punto de referencia inicial, el gran mapa de esta y la organización de sus principales conceptos que Freud nos legó.

Las veinte lecciones para la vida diaria de este libro nos abren a nuevas preguntas y nuevas comprensiones, pero sobre todo nos conectan con el estimulante mundo de (re)conocer nuestra mente.

SIGMUND FREUD

FREIBERG, 1856-LONDRES, 1939
MÉDICO NEURÓLOGO Y
PADRE DEL PSICOANÁLISIS,
UN MÉTODO PARA TRATAR LOS
TRASTORNOS MENTALES
RESULTADO DE CONFLICTOS
EN EL INCONSCIENTE.

BIOGRAFÍA

Sigismund Schlomo Freud nació el 6 de mayo de 1856 en Freiberg, Moravia, en la actual República Checa. Creció envuelto en una complicada constelación familiar. Su madre, Amalia Nathanson, fue la tercera esposa de su padre, Jacob Freud, un comerciante de algodón de origen judío, quien ya tenía dos hijos y era veinte años mayor que ella. Sigismund fue el primero de los seis hijos del matrimonio.

En 1859, debido a problemas económicos, la familia se mudó del campo a Viena, Austria, donde Freud pasó casi toda su vida. Por mucho que de adulto dijera odiar la ciudad, se resistió a abandonarla. Fue un niño intelectualmente precoz y multilingüe; leía y hablaba inglés, francés, italiano y español de manera fluida; entendía lenguas clásicas, como latín y griego, y conocía el hebreo y el yidis. Destacó desde temprano en sus estudios. Ingresó a la Universidad de Viena a los 17 años para estudiar medicina, y a partir de entonces adoptó el nombre de Sigmund. Se interesó sobre todo por la zoología, la fisiología y la anatomía, ámbitos que lo entrenaron en el estudio empírico y formaron su característica atención al detalle. En 1881 recibió el título de doctor y un puesto como asistente en el Instituto de Fisiología. A pesar de un prometedor futuro como investigador científico, decidió continuar su formación en el Hospital General de Viena, pues en 1882 se comprometió con Martha Bernays y la profesión médica era la única vía para poder mantener a una familia.

Sus primeras publicaciones no trataron sobre la psique humana, sino sobre los efectos anestésicos de la cocaína. Esperaba alcanzar la fama exponiendo sus cualidades medicinales e instaurarla como una posible cura para la adicción a la morfina, entre otros usos. Él mismo experimentó con la droga durante varios años. Pero quien cosechó los frutos de esta investigación fue su colega, el oftalmólogo Carl Koller, quien descubrió la anestesia local al emplear la cocaína como analgésico.

En 1885 Sigmund viajó a París para trabajar en el hospital Salpêtrière, donde el neurólogo Jean-Martin Charcot despertó su interés por la dimensión psicológica de los problemas nerviosos. Regresó a Viena el año siguiente con una nueva perspectiva de los trastornos neuróticos de la mente humana. Se casó con Martha Bernays después de cuatro años de compromiso, con quien tuvo seis hijos en tan solo nueve años, y abrió su práctica privada en la calle Berggasse 19, donde trabajaría durante los siguientes 47 años.

De ahí en adelante, Freud se dedicó al desarrollo paulatino del psicoanálisis. Dio un primer paso en 1895, cuando publicó *Estudios sobre la histeria* junto al médico Josef Breuer. Esta colección de ensayos trazó muchos de los cimientos del psicoanálisis, entre ellos la metodología de la cura por medio de la palabra. Cinco años después, con el nacimiento del nuevo siglo, publicó *La interpretación de los sueños*, donde estableció conceptos fundamentales como el *inconsciente* y la *represión*, y sus primeras teorías sobre la sexualidad. A pesar del escaso éxito comercial, el libro le otorgó renombre internacional.

Así, el psicoanálisis empezó a diseminarse. En 1902 se fundó la Sociedad Psicológica de los Miércoles, en la que Freud reunió a varios seguidores y discípulos. Se fundaron también tres revistas psicoanalíticas y en 1908 se llevó a cabo la primera sesión del Congreso Psicoanalítico en Salzburgo. Al año siguiente, el psicoanálisis cruzó oficialmente el Atlántico cuando a Freud lo invitaron a dar cátedra en la Universidad Clark, en Massachusetts. Por último, en 1910 se fundó la Asociación Psicoanalítica Internacional en Núremberg, Alemania.

El psicoanálisis se consolidó como un sistema de conocimiento de alcance e importancia internacionales. Los siguientes años de la vida de Freud, sin embargo, estuvieron marcados por varios disgustos. El crecimiento de la disciplina implicó la diversificación de opiniones dentro de su núcleo de seguidores. Esto causó varios cismas, desencadenados tanto por desacuerdos teóricos como por fricciones interpersonales. Entre 1911 y 1913 rompió relaciones con varios de sus colegas más cercanos, entre ellos Alfred Adler y Carl Gustav Jung. Este último ocupó por mucho tiempo una posición privilegiada en su vida, no solo en el ámbito profesional —fue presidente de la Asociación Psicoanalítica Internacional y muchas veces el primero en leer las ideas y teorías de Freud antes de su publicación—, sino también en la esfera privada. Por muchos años había sido su heredero intelectual e íntimo amigo. Tan es así que, en sus cartas, se dirigía a él con frecuencia como «hijo». Pero Jung parecía sentirse oprimido con la relación. Una vez que desarrolló sus propias teorías psicoanalíticas, que diferían o incluso contradecían las de Freud, se separó de su círculo.

En 1914 estalló la Primera Guerra Mundial, lo que interrumpió las reuniones de la Asociación Psicoanalítica Internacional hasta 1918, y la salud de Freud sufrió un revés: años atrás había notado una lesión en el paladar, resultado de una larga vida como fumador; al parecer consumía veinte puros al día. Se negó a admitir la severidad de la herida y la hizo pasar como benigna. Ninguno de los renombrados médicos que lo rodeaban se atrevió a contradecirlo, cegados por la admiración y reacios a causarle algún daño emocional debido a la reciente y dolorosa pérdida de su nieto favorito.

En 1923, el mismo año en que publicó *El yo y el ello*, fue diagnosticado con cáncer oral. Se sometió a una intervención quirúrgica que se complicó debido a un sangrado excesivo durante y después de la operación. Esta sería solo la primera de 33 intervenciones que tendría durante su larga batalla contra el cáncer. La extracción de una parte de la mandíbula superior se convirtió en una verdadera tortura, pues le dificultó el habla, la alimentación y lo dejó parcialmente sordo del oído derecho.

A pesar de lo anterior, la década de 1920 fue una buena etapa para Sigmund en otros aspectos: gozaba de una economía estable, atendía a pacientes en su práctica privada y era muy activo como académico. Publicó varios libros, muchos eran revisiones de teorías anteriores, además de *El porvenir de una ilusión* y *El malestar en la cultura*. Ambos marcaron un giro, ya que con ellos intentó que la teoría psicoanalítica cruzara los límites de la psicología individual para servir como un marco conceptual que entendiera otros aspectos del mundo, como la religión, el arte y los movimientos culturales. *El malestar en la cultura* se convertiría en su libro más leído y traducido, además es considerado una de las obras más influyentes del siglo XX. Es una apología del espíritu creativo humano, a la vez que afirma que el único camino posible a la sabiduría es a través del desarrollo de las ciencias, el arte y la comunidad; rechaza tajantemente tanto el individualismo excesivo del modo de vida estadounidense como cualquier tipo de dictadura.

Esto último resultó ser un augurio, pues en 1933, tan solo tres años después de que la ciudad de Fráncfort lo galardonara con el Premio Goethe, varios de sus libros fueron quemados en Alemania por los nazis, marcando así el comienzo de otra época llena de obstáculos. El régimen nazi incorporó a Austria como territorio en 1938, por lo que la situación de Freud —quien nunca negó su identidad judía— se volvió precaria. Aun así, se rehusó a dejar la ciudad. A quienes lo instaban a buscar refugio en el extranjero les replicaba que era muy viejo y que dependía demasiado de sus doctores. Su enfermedad empeoró muy rápido. A pesar del dolor que le causaban las lesiones cancerosas, se negó a tomar analgésicos en un intento por conservar la lucidez necesaria para escribir cartas, como había hecho siempre, y seguir trabajando en *Moisés y la religión monoteísta*, el último libro que publicó.

El 22 de marzo de 1938, Anna, la única de sus hijos que había seguido sus pasos y quien ya era una respetada psicoanalista, fue arrestada e interrogada por la Gestapo. La liberaron el mismo día, pero el suceso llevó a Freud a entender la necesidad de dejar Viena. Con la ayuda de poderosos aliados, influyentes amigos de la familia y su renombre internacional, consiguió los papeles necesarios para emigrar. Por fin, el 4 de junio, él y su familia partieron a Londres, donde residiría hasta su muerte.

El sufrimiento se volvió constante. La única grabación que existe de su voz es de esta época, al igual que los pocos videos a color que hay de él. Pasó sus últimos días recibiendo visitas de amigos y conocidos que querían despedirse. A petición suya, el 21 de septiembre de 1939 su doctor le administró una sobredosis de morfina que hizo que cayera en un profundo sueño y, poco tiempo después, en coma. Murió la madrugada del 23 de septiembre a los 83 años.

Su casa-estudio en Viena se conserva como un museo abierto al público donde se exhibe cómo vivía con su familia y cómo eran sus espacios de trabajo; es una institución que promueve la investigación interdisciplinaria y la divulgación del psicoanálisis.

01

LECCIONES

«NO DESPRECIEMOS LA PALABRA. SIN DUDA ES UN PODEROSO INSTRUMENTO, EL MEDIO POR EL CUAL NOS DAMOS A CONOCER UNOS A OTROS NUESTROS SENTIMIENTOS [...] LAS PALABRAS PUEDEN RESULTAR INDECIBLEMENTE BENÉFICAS Y RESULTAR TERRIBLEMENTE LESIVAS».

TENEMOS QUE HABLAR

LECCIÓN 1

Cuando tenemos un problema en el que no podemos dejar de pensar, lo que buscamos es hablar. Poner en palabras nuestras preocupaciones y ansiedades supone siempre un enorme alivio. Un buen café y una conversación con una persona amiga nos ayuda a desenredar el enmarañado ovillo de pensamientos y sentimientos que no nos deja tranquilos. Hoy en día reconocemos el valor de expresar en palabras aquello que nos abruma, por lo que resulta improbable que algo tan cotidiano como el diálogo resultara en la revolucionaria innovación de Sigmund Freud. Pero así fue: estableció la conversación no solo como una de las herramientas más importantes del psicoanálisis, sino también como una valiosa práctica fuera del consultorio.

Cuando el joven neurólogo empezó a ver pacientes en su práctica privada en Viena, su método principal de tratamiento fue la hipnosis. Era una técnica legítima para la época, pero Freud nunca estuvo del todo contento con ella. La hipnosis era un método inestable, sin resultados garantizados, pues muchas personas simplemente no lograban acceder al estado mental requerido para que surtiera efecto.

Fue el doctor Josef Breuer, su amigo y mentor, quien plantó en la mente de Sigmund por primera vez la semilla de la cura a través de la palabra. Breuer le contó el caso de una paciente suya: Bertha Pappenheim, mejor conocida por el seudónimo Anna O., una joven diagnosticada con histeria. Presentaba una gran variedad de síntomas, desde simples dolores de cabeza hasta la repentina incapacidad de hablar alemán, su idioma materno, pasando por cambios abruptos de humor y parálisis parcial. Breuer ya había notado que hablar parecía aminorar los síntomas de Anna O., quien, en estado de hipnosis, le contaba al doctor pequeñas historias. Era una especie de catarsis: relatar estas anécdotas le permitía a la paciente recuperar memorias extraviadas y purgar las emociones más extremas y desbocadas a las que no podía acceder fuera de este estado mental. De esta manera, la joven encontraba un poco de alivio.

> **Para crear la cura por la palabra, Freud tuvo antes que afinar no su propia lengua, sino el oído.**

Sin embargo, no fue sino hasta 1882, cuando Anna O. experimentó un repentino ataque de hidrofobia, el rechazo total al agua, que Breuer cayó en cuenta de lo importante que era la terapia mediante la palabra. Durante una de sus sesiones, Anna O. recordó haber visto a un perro tomar agua de un vaso. Describir la escena le permitió separar los sentimientos de repulsión y asco que la imagen le había causado, y su hidrofobia, según Breuer, desapareció. Juntos, doctor y paciente rastrearon la mayoría de sus síntomas hacia eventos específicos de su vida. Si bien futuros historiadores cuestionarían la afirmación de Breuer de haber curado la histeria de Anna O. en su totalidad, la joven sí se benefició mucho de la terapia. Es más, sería ella quien acuñaría el término de «la cura por la palabra», clave para el psicoanálisis.

Cuando Freud se enteró del éxito que Breuer había tenido con este nuevo método, no tardó en ponerlo en práctica. Lo implementó con una serie de mujeres diagnosticadas con histeria, que no solo le demostrarían la importancia y eficacia de este tipo de análisis, sino que le enseñarían, mediante ensayo y error, exactamente cómo refinarlo.

Para crear la cura por la palabra Freud tuvo antes que afinar no su propia lengua, sino el oído. Fue su paciente Emmy von N. quien le mostró la importancia del silencio. La mujer se molestaba cuando él interrumpía la narración de sus anécdotas para pedirle más información o datos más específicos. ¿Dónde?, ¿cómo?, ¿cuándo?, ¿quién?, estas preguntas solo la distraían. Cuando la dejaba hablar libremente, en cambio, ella lograba articular sus memorias de una forma mucho más clara. Era una técnica productiva y útil en la cual ya se intuían los inicios de lo que se convertiría en la *asociación libre*, una fórmula esencial del psicoanálisis.

Pero no todas sus pacientes eran igual de comunicativas. Elizabeth von R., por ejemplo, se rehusaba a compartir ciertos detalles y tendía más a la formalidad y a la mesura. Fue con ella que él aprendió que diferentes temperamentos requieren distintas tácticas, pues con Elizabeth von R. era necesaria la insistencia. Su tratamiento también lo obligó a aceptar una lección más difícil de digerir: no bastaba con narrar los orígenes del trauma una única vez. La cura por la palabra era más un medicamento de acción lenta y de múltiples dosis que una poción mágica capaz de expurgar los agentes tóxicos en una sola sesión.

En 1892 trató a Lucy R., una institutriz inglesa acosada por un olor persistente a budín quemado. Como la paciente no lograba entrar en el sonambulismo necesario para la hipnosis, Freud por fin dejó atrás esta técnica y utilizó los nuevos métodos que había estado practicando: el silencio atento, la observación minuciosa y el poder de la palabra, todo dirigido a alcanzar la catarsis de las emociones negativas que impedían que su paciente mejorara.

Mirando a la distancia, y siendo generosos, en estos primeros casos vemos los inicios de una de las innovaciones más revolucionarias de Freud y el psicoanálisis: la importancia de la palabra a la hora de traer a la superficie recuerdos reprimidos en las profundidades de la mente. Sus pacientes volvían a sentir las emociones que estas memorias encubrían, emociones que en su momento no habían sido capaces de procesar o que no se habían permitido experimentar. La catarsis emocional que ofrecen estas narraciones puede no ser la utópica panacea, la solución que muchos buscan, pero el proceso de descripción del recuerdo no solo es un alivio en el camino a la recuperación, sino también un auténtico método para reparar las heridas del pasado que, sin tratamiento, lastiman nuestro presente.

La cura por la palabra es ahora una de las técnicas más usadas en la psicología y también fuera de ella. Pero si algo demuestra la historia de cómo Freud convirtió la palabra en un elemento fundamental del psicoanálisis es que el germen del método tiene, en realidad, mucho más que ver con escuchar que con hablar. Después de todo, fue gracias a sus conversaciones con Breuer que se encontró con la idea por primera vez y, gracias a las que sostuvo con sus pacientes, la pudo refinar hasta convertirla en su profesión. Fue su capacidad de atender las necesidades de sus pacientes y su disposición al cambio —ambas virtudes mucho más asociadas con la escucha que con el habla— lo que le permitió modificar la manera en que tratamos las heridas de la mente.

Al enseñarnos la importancia de hablar, Freud demostró que la catarsis que tanto alivio ofrece a las personas, en realidad, se alcanza entre dos.

«LA PALABRA FUE ORIGINALMENTE [...] UN ACTO MÁGICO, Y TODAVÍA CONSERVA MUCHO DE SU ANTIGUA VIRTUD».

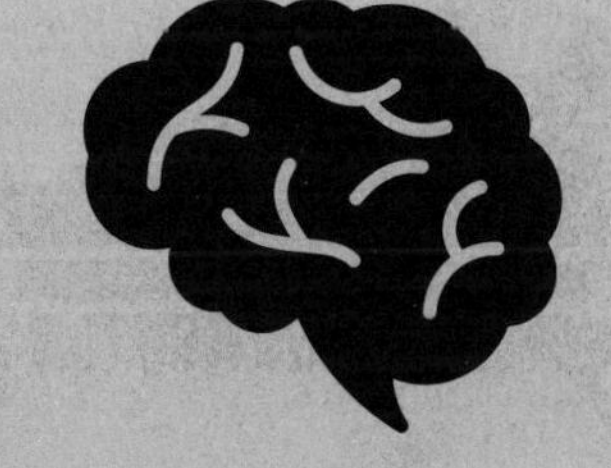

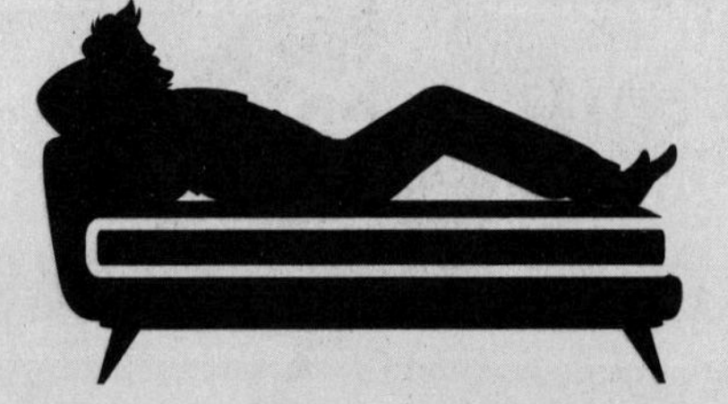

«ORIGINARIAMENTE EL YO LO CONTIENE TODO; MÁS TARDE SEGREGA DE SÍ UN MUNDO EXTERIOR. POR TANTO, NUESTRO SENTIMIENTO YOICO DE HOY ES SOLO UN COMPRIMIDO RESTO DE UN SENTIMIENTO MÁS ABARCADOR —QUE LO ABRAZA TODO, EN VERDAD—, QUE CORRESPONDÍA A UNA ATADURA MÁS ÍNTIMA DEL YO CON EL MUNDO CIRCUNDANTE».

TODOS MIS *YOS*

LECCIÓN 2

Nos gusta pensar que nos conocemos bien; que podemos deambular por los recovecos de nuestra mente como quien pasea por su casa. Pero cada casa tiene su sótano, y Sigmund Freud no estaba tan seguro de que supiéramos qué o quién habita en él.

Sostenía que una parte de nuestra mente es inaccesible para nosotros. La llamó *el inconsciente*. Aunque esta idea es anterior al psicoanálisis, fue él, a través del estudio meticuloso y la investigación práctica, quien articuló el funcionamiento del sótano desconocido de nuestra psique. Él identificó el inconsciente como la parte más grande de la mente. Este engloba todas las memorias, sucesos y eventos reprimidos, junto con emociones y sentimientos como la vergüenza, el dolor. Como los reprimimos activamente, estos pedazos de nuestra vida terminan acumulando polvo en las esquinas más oscuras de nuestro mundo interior.

En comparación con el vasto y profundo territorio del inconsciente, Freud sostenía que la parte consciente de nuestra mente es tan solo la punta del *iceberg*: los sentimientos y percepciones que tenemos presentes y a los que podemos acceder de manera activa. Añadió un término más: *el preconsciente*, que por definición se encuentra entre el consciente y el inconsciente. Es la parte de nuestra psique que, si bien no se muestra presente, tampoco ha sido reprimida. Como la ropa que cuelga del respaldo en la silla de tu cuarto: no la traes puesta, pero tampoco está guardada en ese cajón que preferimos fingir que no existe.

La inquietante idea de que hay un lado oscuro de la mente que la luz de nuestra consciencia nunca llega a iluminar va de la mano con otra de las grandes imágenes que Freud desarrolló para explicar la división que, él intuía, caracterizaba el funcionamiento de la mente. Después de todo, somos seres atravesados por el conflicto: ¿cómo es posible que podamos satisfacer nuestra gula al comernos un postre luego de una abundante cena y a la vez sentir culpa por el acto que nosotros mismos decidimos cometer? ¿Por qué descansamos el fin de semana y a la vez nos sentimos culpables por no ser productivos?

... la parte consciente de nuestra mente es tan solo la punta del *iceberg*.

Él pensaba que la respuesta recae en la idea de que el aparato mental está estructurado en una relación tripartita y que estos tres aspectos están enredados en una lucha constante para que se escuche su voz. El *ello* es la parte más antigua y primitiva de la psique. Abarca los instintos y las emociones. Freud lo compara con un caldero hirviente de excitaciones burbujeantes. Poco organizado, ilógico y gobernado por los impulsos más elementales, se preocupa sobre todo por evitar el malestar, el dolor y la incomodidad. El ello busca, como perro de caza, la satisfacción de las necesidades primitivas y anteriores a la condición humana y el placer inmediato.

En oposición casi directa está el *superyó*. Es el constructo de la mente humana que nace de la interiorización de la autoridad de los padres, las normas culturales y la represión del reino del ello. Está dedicado a la introspección y la autoobservación, y su función consiste en servir como el ideal del comportamiento perfecto, el estándar con el cual uno debe compararse constantemente. Se puede imaginar que este agente psíquico es como un padre que supervisa la propia conducta, cuya voz, a través del tiempo y la interiorización progresiva de sus lecciones, se transforma en una parte esencial de nuestro monólogo interior. Ya no es un agente externo, un padre, el maestro de primaria o el oficial de policía quien regula nuestro comportamiento a través de advertencias explícitas y leyes sociales, sino nuestra voz interior.

El trabajo de regular ambos aspectos de la psique recae en el *yo*, la tercera parte del aparato mental. Está encargado de organizar y estar atento a la correspondencia entre nuestros instintos primarios y los estímulos que recibimos mediante nuestros sentidos, es decir, la realidad. Es el yo quien controla la actividad física. Su tarea principal es la autopreservación y su trabajo cotidiano es manejar las expectativas del superyó y los impulsos del ello. No es un trabajo fácil, pues no se trata solo de reprimir y negar los impulsos animales del ello y de escuchar siempre la retumbante e imperiosa voz del superyó. Lo que dificulta la tarea del yo es la necesidad de diferenciar cuándo y cómo satisfacer los apetitos del ello y juzgar cuándo las demandas del superyó son exageradas. El yo es el desafortunado encargado de mediar entre un enérgico perro de gran apetito y un entrenador autoritario enamorado de su silbato.

La clave para una personalidad sana, según Freud, es que debe haber un equilibrio entre el ello, el yo y el superyó. Si el yo es capaz de moderar entre las exigencias de la realidad, del ello y del superyó, emerge una personalidad sana y bien adaptada. Creía que un desequilibrio entre estos elementos conduciría a una personalidad inadaptada.

La teoría del aspecto conflictivo de la mente explica por qué muchas veces nos sentimos divididos entre dos o más instintos, por qué tenemos la impresión de que nos empuja en diferentes direcciones, por qué podemos disfrutar y a la vez castigarnos por sentir placer. No somos tan cohesionados como nos gustaría creer. Al contrario, nos parecemos más a un malabarista que realiza un delicado acto de equilibrio interno, en el que alternativamente lanza al aire y cacha con sus manos una serie de pelotas, forzado no solo a mantenerlas en orden, sino también a reaccionar a cualquier viento que pudiera alterar su curso.

El modelo estructural de Freud con sus diferentes agentes de la psique es complejo. Considera al consciente e inconsciente más como etiquetas que uno puede ponerles a ciertos recuerdos, emociones o procesos mentales para describir su funcionamiento y naturaleza, y menos como territorios espaciales tangibles. El ello, yo y superyó, aunque se prestan fácilmente a la caricatura, son procesos psicológicos complejos y dinámicos.

Freud imagina una mente en conflicto, una mente incapaz de conocerse entera, una mente condenada a no llevarse bien. Esto puede resultar inquietante. ¿A quién le gusta pensar que hay lugares de su casa que no conoce? ¿Quién disfruta de ser al mismo tiempo el crimen y el criminal?

Al hacernos conscientes de nuestro inconsciente, al llamar nuestra atención hacia esta lucha interior, Freud nos lega también el lenguaje necesario para comprendernos mejor. Las imágenes de las estructuras mentales que desarrolló iluminan esos sótanos, esas áreas en pugna, ayudándonos así a comprender mejor el porqué de la lucha.

Saber, como dicen, es la mitad de la batalla.

**«NO SOLO LO MÁS PROFUNDO,
TAMBIÉN LO MÁS ALTO
EN EL *YO* PUEDE SER
INCONSCIENTE».**

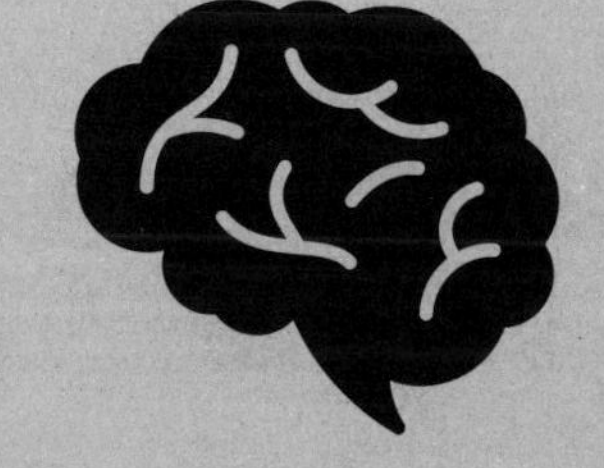

«NORMALMENTE NO TENEMOS MÁS CERTEZA QUE EL SENTIMIENTO DE NUESTRO SÍ-MISMO, DE NUESTRO PROPIO YO. ESTE YO NOS APARECE AUTÓNOMO, UNITARIO, BIEN DESLINDADO DE TODO LO OTRO. QUE ESTA APARIENCIA ES UN ENGAÑO [...] HE AHÍ LO QUE NOS HA ENSEÑADO [...] LA INVESTIGACIÓN PSICOANALÍTICA».

UNA HABITACIÓN CON PUERTAS Y VENTANAS

LECCIÓN 3

La primera muralla que dividiría a Sigmund Freud del resto de su familia fue levantada muy temprano en su vida: era el único de los ocho hijos que tenía una habitación propia. Sin importar las circunstancias económicas de la familia, ni qué tan apretados tuvieran que dormir el resto de sus hermanos, siempre disfrutó de la privacidad que le ofrecían las cuatro paredes de su pequeño reino. Sigmund era, sin duda alguna, el hijo preferido y ese espacio privado era la evidencia.

El trato diferenciado que tienen los padres para con el niño Sigmund anticipa una de las ideas más innovadoras de Freud: la identidad, en tanto estructura psicológica, se construye ladrillo por ladrillo, mediante la atención a las diferencias.

Según él, los seres humanos no nacemos con una estructura psicológica identitaria armada e incorporada, ni está codificada en nuestro ADN. Al contrario, la idea de que somos una persona particular e individual, la idea del *yo*, se desarrolla progresivamente a lo largo de nuestra vida. Al principio, cuando somos un bebé que todavía está siendo amamantado, no tenemos cómo reconocer los contornos de nuestro propio cuerpo. Pegados al pecho de nuestra madre, sentimos el cuerpo de ella como parte del nuestro. En realidad, no somos siquiera conscientes de la diferencia entre lo que es nuestro y lo que no. Es recién cuando logramos reconocer la delgada línea que divide dónde acaba nuestro cuerpo y dónde comienza el resto del mundo que empezamos a desarrollar una identidad.

Esta primera diferencia, tangible y real, es el primer ladrillo, la piedra angular sobre la que luego vamos construyendo nuestra identidad. Poco a poco, mientras crecemos, colocamos más ladrillos: a mí me gusta este tipo de música y ese no; yo disfruto del calor y no del frío; yo soy así y no asá. Cada preferencia, desde las más pequeñas —como la comida favorita— hasta las más grandes —la elección de una carrera—, va edificando una pared hasta que, junto con las demás, forma la habitación donde reside el *yo*. Tu yo.

Esta habitación, sin embargo, puede muy fácil convertirse en una prisión. Si bien es necesario construir estas paredes para desarrollar un sentido de identidad, para alcanzar el sentimiento de que somos una persona determinada, sólida y definida, también es cierto que nos pueden aislar. Sin darnos cuenta, podemos construir murallas en lugar de paredes. Una vez que desarrollamos nuestros propios gustos e intereses, es natural querer quedarnos dentro de la habitación, donde nos sentimos seguros y a gusto. Pero si no estamos dispuestos a salir de vez en cuando para explorar qué hay más allá de las cuatro paredes, empobrecemos drásticamente nuestra vida al privarnos de otro tipo de experiencias y potencial crecimiento.

Pero al cambiar nuestros gustos y preferencias cambiamos parte de quienes somos, lo que puede ser desestabilizador. Quedamos expuestos, por un momento, a la intemperie de la confusión de la que antes nos protegían las cuatro sólidas paredes de nuestra identidad.

Pero basta con recordar que, así como colocamos los ladrillos, también podemos retirarlos o moverlos de lugar y crear nuevas combinaciones. La construcción de la identidad es un proceso dinámico, y no podemos esperar que la habitación que teníamos a los 5 años nos acompañe inalterada hasta los 20, los 30 o los 50. Freud creía que la separación entre el yo y el mundo exterior no es tan fija e impermeable como parece a primera vista. Las habitaciones, después de todo, tienen ventanas y puertas que nos permiten mirar al exterior y salir, o dejar entrar a otros.

Esta habitación, sin embargo, puede muy fácilmente convertirse en una prisión.

También pensaba que muchas de nuestras experiencias adultas se pueden entender como una regresión a estados previos de nuestro desarrollo psicológico. Por eso, el sentimiento de que en un momento dado fuimos uno con el mundo nunca nos deja por completo, y ciertas experiencias pueden hacer aflorar de nuevo lo que describe como un «sentimiento oceánico», una sensación de infinitud, momentos en los que el mundo entra por la puerta de nuestra habitación y volvemos, por un instante, a ser parte de un gran todo.

¿Qué sucede con nuestras paredes cuando nos enamoramos? Freud lo observaba en el lenguaje que usan las parejas. Llamar a alguien «tu otra mitad», por ejemplo. Es una metáfora, pero todos los clichés tienen una pizca de verdad. El amor es un sentimiento tan poderoso que es capaz de derribar las paredes de la habitación del yo; tal vez no solo para poner una ventana, sino para tumbar la habitación para construir toda una casa. Ese sentimiento de unión se refleja en el lenguaje: las parejas tienden a hablar siempre en términos plurales, borrando los trazos del tú y del yo para dibujar un nosotros.

El «sentimiento oceánico» no es exclusivo del amor romántico. Este sentimiento de unión aflora en todas las dimensiones de la vida. Aparece cuando cantamos en coro durante un concierto o cuando ovacionamos un gol al unísono con todo el estadio. Incluso un instante a solas en lo alto de una montaña o frente a un inmenso mar puede abrir la puerta de nuestra identidad y dejar entrar al mundo. Son momentos en los que dejamos, por un instante, de ser un individuo para pasar a ser un colectivo, parte de la naturaleza.

Si bien la piedra angular de nuestra identidad es la revolucionaria idea de que hay una diferencia tangible entre cada uno y el resto del mundo, disfrutamos también inmensamente de retornar al estado primigenio de unión.

Las paredes, las diferencias, son necesarias para definir nuestros contornos y construir quiénes somos, pero también nos aíslan. Por eso es necesario incluir puertas y ventanas en los planos de nuestra identidad, pues solo así podremos ver qué hay más allá de nuestros gustos e intereses. Conviene salir, de vez en cuando, a caminar otra vez por el mundo que compartimos todos.

«SOMOS LO QUE SOMOS PORQUE HEMOS SIDO LO QUE HEMOS SIDO, Y LO QUE SE REQUIERE PARA RESOLVER LOS PROBLEMAS DE LA VIDA HUMANA Y LO QUE NOS MOTIVA NO SON CONSIDERACIONES MORALES, SINO MÁS CONOCIMIENTO».

«LOS LÍMITES DEL YO NO SON FIJOS [...] ESTE SENTIMIENTO YOICO DEL ADULTO NO PUEDE HABER SIDO ASÍ DESDE EL COMIENZO. POR FUERZA HABRÁ RECORRIDO UN DESARROLLO QUE, DESDE LUEGO, NO PUEDE DEMOSTRARSE, PERO SÍ CONSTRUIRSE CON BASTANTE PROBABILIDAD».

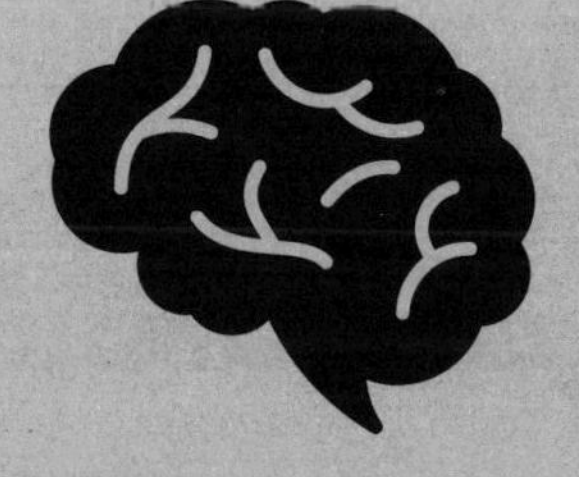

«LA REPRESIÓN NO ES UN MECANISMO DE DEFENSA PRESENTE DESDE EL ORIGEN; [...] SU ESENCIA CONSISTE EN RECHAZAR ALGO DE LA CONSCIENCIA Y MANTENERLO ALEJADO DE ELLA».

CUIDADO CON LAS TELARAÑAS

LECCIÓN 4

En el corazón del psicoanálisis late una ilusión óptica: la *represión*. A pesar de ser la piedra angular sobre la cual Freud construyó los cimientos de su revolucionaria disciplina, solo uno de los más de cien textos que publicó a lo largo de toda su carrera trata este concepto en específico. Aún así, la represión es casi omnipresente en la obra freudiana. Así como está en todo, no siempre es tan evidente. Similar a cuando, por un momento, inclinas la cabeza en el ángulo correcto y ves cómo un haz de luz queda atrapado en una telaraña. ¡Bum! De pronto, puedes ver la enorme red que siempre estuvo delante de ti. La ves por un momento, y al siguiente ya no. La gran red de la represión no solo se extiende por todo el edificio del psicoanálisis, sino que se adhiere de la misma manera a las esquinas del sótano de nuestra mente, influyendo desde el inconsciente en todas las facetas de nuestra vida.

Freud pudo entrever la telaraña de la represión temprano en la historia del psicoanálisis, cuando trató a una serie de mujeres que habían sido diagnosticadas con histeria. Al preguntarles por ciertos eventos de su pasado, notó que no podían recordar o que ellas mismas parecían censurarse: restaban importancia al suceso en cuestión, cambiaban el tema o simplemente se rehusaban a contestar. Algo tenía que estar bloqueando estas memorias, concluyó. Algo las hacía morderse la lengua y apretar los labios. Este «algo» fue lo que llamó *represión*.

Como analista indagaba siempre en los recuerdos de naturaleza dolorosa, pues venían acompañados de fuertes sentimientos de vergüenza, pena, alarma o ansiedad, y concluyó que la represión era un mecanismo de defensa. Su tarea principal era evitar a toda costa el displacer, y lo lograba al obstaculizar el ingreso de ciertos instintos y memorias inaceptables para nuestro lado más crítico en la parte consciente de la mente. Pero el mecanismo de la represión no funciona de una manera directa, como un guardia que le impide cruzar la puerta a lo consciente a ciertos pensamientos o recuerdos sin invitación. Su trabajo es mucho más sutil y extendido.

Como una telaraña que se expande cada vez más, saltando de esquina a esquina, la represión no ataca solo el recuerdo o instinto que fue rechazado, sino todo con lo que entra en contacto. Este proceso asociativo, sin embargo, no siempre está regido por una lógica fácil de seguir. No se trata de una cadena en la que se puede rastrear cada eslabón siguiendo el sentido común de las conexiones más aparentes. Es una amplia red que se desparrama por todas partes, adhiriéndose a los lugares más lejanos del ancho y profundo territorio de la mente. Así, la telaraña ata elementos que uno nunca habría pensado que guardan parecido alguno. Por eso es que a veces no somos capaces de acordarnos de ciertos detalles que deberían ser fáciles de recordar. Y nos cuesta entender por qué recuerdos en apariencia inofensivos nos llenan de ansiedad; es probable que haya alguna hebra de la telaraña que conecta estos recuerdos con sentimientos dolorosos.

No se trata de una cadena en la que se puede rastrear cada eslabón, siguiendo el sentido común de las conexiones más aparentes.

Así, la represión dificulta mucho la tarea del analista, y de cualquiera que busque conocerse mejor, pues para encontrar el centro de la telaraña no solo tenemos que ir acercándonos al recuerdo reprimido a través de las hebras que se desprenden desde el centro, sino que ese centro es, en realidad, un vacío. Lo que evidencia la represión exitosa es una falta. Su propósito, después de todo, es la invisibilidad total del recuerdo doloroso. La única razón por la cual sabemos que el mecanismo de la represión siquiera existe, según Freud, es porque a veces podemos ver elementos de una represión fallida. El hecho de que sus pacientes callaran, o de que uno se sintiera incómodo hablando de eventos inofensivos sin saber muy bien por qué, es prueba de que hubo un intento de represión que no se logró del todo. Porque uno puede reprimir los recuerdos, pero no los sentimientos que estos causan.

Incluso en el caso de que fuéramos capaces de dar con el centro vacío de la telaraña, Freud sostenía que la solución no era fácil. La represión es un proceso dinámico y constante. Lo que uno logra limpiar puede verse cubierto otra vez muy rápida y fácilmente; podemos deshacernos por un momento de la telaraña, pero no de la tejedora.

La araña, al fin y al cabo, somos nosotros. Y como el laborioso arácnido, estamos todo el tiempo reparando, manteniendo y expandiendo nuestra red. Es un trabajo exigente y agotador que explica por qué muchas veces terminamos exhaustos al final del día sin saber muy bien por qué. No nos damos cuenta de toda la energía que implica mantener la telaraña, pues sucede en el inconsciente. Gastamos una inmensa cantidad de energía mental tejiendo, buscando inconscientemente la salvación para evitar la confrontación con sentimientos que, intuimos, todavía no somos capaces de procesar.

Esto tiene sus ventajas, ya que de muchas maneras la represión nos permite seguir adelante con la vida. Pero también puede impedir el crecimiento mental ya que los sentimientos y recuerdos quc nos ocultamos no permanecen estáticos en la mente, sino que crecen. Así, escondida, la red abarca cada vez más espacio en nuestra mente, volviendo algunas partes inaccesibles.

Puede ser que al principio la represión actúe como un mecanismo de defensa, permitiéndonos postergar la necesidad de lidiar con lo reprimido hasta que seamos capaces. Pero ese momento no llega, la telaraña escondida en el sótano de la mente tarde o temprano se vuelve nociva.

Para Freud, la mejor manera de llevar a cabo este trabajo de limpieza general es a través de la palabra. En un espacio seguro y distanciado del evento que se encuentra al centro de la red, podemos, poco a poco y con ayuda, acercarnos a ese vacío. Es un trabajo difícil, que requiere paciencia y constancia, pero poco a poco iremos desempolvando las esquinas de nuestra mente. Al prestarle atención a lo que no decimos y expresarlo en palabras, podemos iluminar mucho de lo que estaba envuelto por la gran red de la represión.

«EL PROCESO DE LA REPRESIÓN SUBSISTE COMO NÚCLEO DEL ENIGMA».

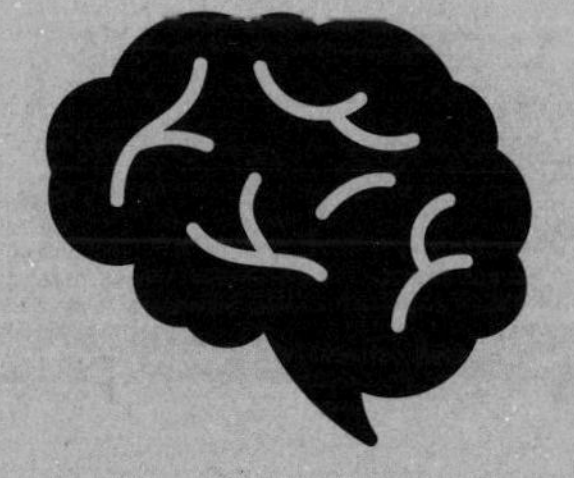

«ES EL CONFLICTO INTERNO LO QUE SE NOS DENUNCIA A TRAVÉS DE LA PERTURBACIÓN».

SIN QUERER QUERIENDO

LECCIÓN 5

Hay un nombre para cuando se te pierde una palabra, para cuando tienes la primera sílaba en la punta de la lengua, para cuando terminas diciendo una cosa desquiciada: el *desliz freudiano.*

El término, también llamado *acto fallido*, engloba todos esos incómodos momentos cuando somos incapaces de recordar el nombre de alguien que conocemos. O, peor aún, cuando lo llamamos por el nombre incorrecto. También esas frustrantes situaciones donde decimos que sí cuando en realidad queríamos decir que no. Y qué hay con todos esos vergonzosos e interminables segundos cuando se nos traba la lengua y no decimos nada. Todos ellos son, como bien indica el nombre, fallas. Pequeños errores de la memoria. Pero lo que en realidad a menudo revelan estos deslices cuando hablamos o recordamos, sostenía Freud, es que son deseos y ansiedades ocultos.

A todos nos pasa. Son tan comunes, de hecho, que Sigmund les dedicó un libro entero. En *Psicopatología de la vida cotidiana* analizó estas equivocaciones ordinarias bajo la lupa y descubrió que, detrás de su aparente irrelevancia, se revelaban grandes perturbaciones inconscientes. Nuestra mente es como un lago en pleno invierno. Patinamos sobre la superficie congelada que cubre las profundidades del inconsciente, donde flotan nuestros recuerdos reprimidos y complejos personales. Pero estos residuos flotan siempre en dirección a la superficie y no hace falta mucho para que el hielo se fracture bajo la presión que ejercen.

Perturban el espejo del lago, llenándolo de pequeñas fisuras. Y cuando nos deslizamos sobre una de estas grietas sin darnos cuenta, tropezamos con nuestras propias palabras.

Así, las equivocaciones de la memoria pueden revelar más sobre quiénes somos que cualquier auténtico intento de ser sinceros. Freud creía, por ejemplo, que la razón por la que alguien olvida el nombre de una ciudad es porque asocia con ella sentimientos penosos, tal vez una humillación amorosa o un rechazo profesional. Alguien que se equivoca al recordar el nombre de un compañero del colegio puede guardarle celos por haber siempre destacado más en clase o sido más popular. Los actos fallidos, en general, suceden porque nos topamos de manera involuntaria con complejos o con recuerdos que desencadenan emociones incómodas en nosotros, como la vergüenza, los celos y la impotencia. En un intento de ahorrarnos esta experiencia, nuestra mente recurre al olvido, ocultando nombres o recordándolos mal. Es una manera de protegernos del dolor. Y funciona. Por lo menos hasta que surge el contexto necesario donde nos tropezamos con ellos y nos deslizamos hasta las profundidades más desagradables de nuestra memoria.

Aunque muchos de los pequeños *lapsus* son causados por los conflictos que escondemos del mundo y de nuestra propia mente consciente, este no tiene por qué ser el caso de todos los deslices freudianos. Es normal, por ejemplo, que a las personas de edad más avanzada les cueste recordar ciertas palabras. Y como regla general, tendemos a olvidar los nombres de quienes no causaron ninguna impresión en nosotros. No acordarnos del nombre de la persona que nos atendió en el restaurante al que fuimos hace dos semanas no significa que nos haya causado un trauma.

Así, las equivocaciones de la memoria pueden revelar más sobre quiénes somos que cualquier auténtico intento de ser sinceros.

O quizá sí. La importancia de la perspectiva de Freud es que abre la posibilidad de interpretar estos actos fallidos como pequeñas banderas que indican dónde el hielo es más frágil, dónde puede haber conflictos o complejos escondidos, dónde el inconsciente está más cerca de la superficie. Solo por eso vale la pena acercarse a la fisura e iluminar el hielo con una linterna para descubrir qué lo fragmentó desde abajo.

Los actos fallidos son errores de corto plazo que nos hacen trastabillar y aletear los brazos desesperadamente para mantener el balance y no caer de bruces contra el hielo. Pero hay otras maneras en las que el inconsciente puede trastocar la superficie del lago de la memoria. Maneras más sutiles y duraderas. Según Freud, muchos de nuestros recuerdos infantiles, al ser puestos bajo el microscopio, en algún momento se revelan como recuerdos falsos. El mosaico de memorias que tenemos de nuestra infancia es, en realidad, una pantalla que no hace más que cubrir la realidad. Los llama recuerdos «encubridores», pues, como una fina capa de nieve fresca que cubre el hielo, mantienen ocultos los auténticos recuerdos, y a nosotros, separados de la verdad.

Si uno piensa en qué recuerda sobre su infancia, es muy probable que sean memorias intrascendentes y cotidianas. Un día de verano en la playa, una pelea con tu hermano, tu madre cantando una canción de cuna. Freud creía que, si bien esos recuerdos son irrelevantes, en realidad esconden emociones fuertísimas. Las escenas que somos capaces de evocar son recuerdos artificiales, fabricados a la medida para mantener reprimidos los verdaderos, que son mucho más difíciles de procesar. Ese día de verano en realidad ocurrió cuando un familiar muy querido estaba en el hospital. La pelea fue con tu padre y terminó en palabras muy hirientes. Tu madre no cantaba, en realidad sollozaba. Es un mecanismo de defensa.

Si en los actos fallidos la mente utiliza el olvido para protegerse, en el caso de los recuerdos encubridores se vale de la remembranza errónea para no tener que confrontar la verdad. Muchos de nuestros recuerdos acarrean emociones tan profundas que no sabemos cómo manejarlas. Por eso se reprimen.

Los recuerdos encubridores son igual de comunes que los deslices freudianos, pero las equivocaciones no son tan drásticas. Puede ser que algo que creías que te pasó a los 5 años en realidad ocurrió cuando tenías 3. O recuerdas a tu amiga como la protagonista de una anécdota infantil cuando en realidad era tu prima. Lo que estas fallas persistentes y duraderas de la memoria indican es que hay una edición retroactiva de la película de nuestra vida. Que existen revisiones, múltiples *remakes*. Nuestro inconsciente interviene de una manera sutil pero fundamental a la hora de recordar, y muchas veces no nos damos cuenta de qué y cómo ha cambiado en la postproducción.

Así funciona la mente de todos los seres humanos. Se esfuerza siempre por mantener nuestro inconsciente atrapado bajo una capa de hielo, empujando hacia abajo los complejos y recuerdos incómodos.

Todos nos tropezamos con las grietas que crean nuestros complejos inconscientes. La investigación freudiana de los errores comunes de la memoria demostró su naturaleza poco fiel a la realidad, y que al recordar nos mentimos, y que al equivocarnos es cuando somos más sinceros. Que nuestros errores son, al final, el más honesto reflejo de lo que yace bajo el hielo, en la oscura profundidad de la mente.

«EL TRABARSE [...] SE VUELVE UN MEDIO PARA TRAICIONARSE A SÍ MISMO».

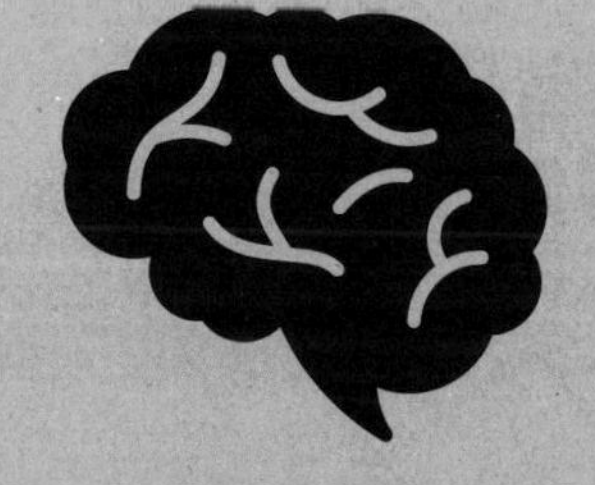

«TODO SER HUMANO SABE QUE EN SU INTERIOR HAY COSAS QUE SOLO COMUNICARÍA DE MUY MALA GANA, O CUYA COMUNICACIÓN CONSIDERA ENTERAMENTE EXCLUIDA. SON SUS "INTIMIDADES". VISLUMBRA TAMBIÉN —LO CUAL CONSTITUYE UN GRAN PROGRESO EN EL AUTOCONOCIMIENTO PSICOLÓGICO— QUE HAY OTRAS COSAS QUE UNO NO QUERRÍA CONFESARSE A SÍ MISMO, [...] Y POR ESO LAS INTERRUMPE PRONTO Y LAS EXPULSA DE SU PENSAMIENTO CUANDO, A PESAR DE TODO, AFLORAN».

NO SOY YO, ES MI INCONSCIENTE

LECCIÓN 6

«Perdió los papeles», «actuó como poseído», «estaba fuera de sí». Todas son frases comunes que usamos para describir el comportamiento de alguien en un arrebato de cólera, celos, pena o hasta de euforia. Nuestro lenguaje expresa la perturbadora idea de que por momentos podemos perder el control de nuestras acciones, que de pronto un sentimiento lo suficientemente intenso nos puede mover como si fuéramos marionetas con hilos invisibles.

¿Podemos, en ciertas situaciones, actuar de una manera totalmente irracional? Pues claro. Sigmund Freud dedicó su vida entera a investigar la razón detrás de este fenómeno que nos afecta a todos por igual. El psicoanálisis, en muchas maneras, es su intento de encontrarle una explicación a esa enajenación que sentimos cuando, en un arranque de ira, dolor o felicidad, decimos algo de lo que nos arrepentimos de inmediato. Pareciera que a veces no somos dueños de nuestra propia mente.

Nos gusta pensar que somos seres racionales que nos regimos por una lógica inquebrantable. Concebimos nuestras acciones, por ende, como el último eslabón de una cadena lineal: «como porque tengo hambre», «me río porque una broma me causa gracia», «evito el dolor porque me genera desagrado» y «busco la satisfacción porque me causa placer». Tendemos a buscar una explicación coherente a nuestro comportamiento, al pensar que este responde directamente ya sea a un deseo o a una necesidad. Pero ¿te has puesto a pensar si siempre es así? ¿Qué sucede en nuestra cabeza cuando comemos más allá de la saciedad, a veces hasta el punto de la incomodidad? ¿Por qué nos reímos cuando nos sentimos avergonzados o, peor aún, durante un funeral? ¿Por qué parece que buscamos el dolor, como cuando nos quedamos en una relación que sabemos que es tóxica? En otras palabras ¿por qué somos capaces de actuar en contra de nuestros propios intereses?

Para Freud, esta irracionalidad tiene su sentido. Hay una razón por la cual permanecemos en una relación que nos hace mal, comemos de más o decimos cosas de las que luego nos arrepentimos. Lo que sucede es que estas razones están parcial o totalmente ocultas, lo que las hace difíciles de identificar. En la época de Freud, no se tenía el marco teórico necesario para entenderlas. Por eso él se entregó a la tarea de trazar el circuito oculto de motivaciones secretas que se escondía en lo más profundo de nuestra psique. Así, el psicoanálisis es el cuerpo teórico que creó para encontrar el sentido de la irracionalidad humana.

Su herramienta principal fue la idea del inconsciente. Si bien Freud no creó el concepto, sí fue el primero en abordarlo desde una perspectiva científica. Su formación como investigador y experiencia como médico lo llevaron a estudiar y observar, de manera minuciosa, a pacientes y documentar sus conclusiones. Y descubrió que hay áreas de la mente a las que no tenemos acceso. En ella habitan nuestros impulsos más básicos, los que se concentran solo en buscar el placer y evitar el dolor, así como todos los recuerdos y pensamientos que rechazamos, ya sea porque los consideramos prohibidos, inmorales o porque no tenemos la capacidad emocional para enfrentarlos. Y entendió algo muy importante: que el inconsciente no es un cajón, no es un área pasiva de nuestra psique. No es un basurero donde va a parar todo aquello que no queremos enfrentar. Al contrario, nuestro inconsciente está siempre activo. Se esfuerza por mantener fuera de nuestra percepción estos elementos. Y así mantiene ocultas también gran parte de nuestras motivaciones.

Nos gusta pensarnos como seres racionales que nos regimos por una lógica inquebrantable.

El inconsciente es el otro dueño de nuestra mente. Las memorias y los impulsos que esconde dirigen muchas de nuestras acciones, pero no somos conscientes de ello. Por eso, cuando un incontenible sentimiento nos impulsa a actuar, nos sorprende nuestro propio comportamiento. Podemos maravillarnos u horrorizarnos ante nuestras propias acciones. Para nuestra mente consciente, estas acciones parecen por completo irracionales, carecen de todo sentido, pero, en realidad, responden a un instinto o a una memoria reprimidos.

Freud complicó el proyecto de entender al ser humano al definir el concepto del inconsciente: no solo introdujo un área inexplorada de la mente humana, sino que trajo a la mesa un sistema entero de motivaciones desconocidas que podrían estar ejerciendo presión sobre nosotros de maneras que no logramos imaginar. Cada acción está ahora bajo sospecha. El ser humano dejó de ser transparente. Las motivaciones de las personas ya no se deducen solo por el resultado de sus acciones. ¿Estoy invirtiendo el máximo esfuerzo en mi trabajo porque quiero un acenso o estoy intentando satisfacer un deseo que desconozco? Detrás de cada decisión y cada acción ahora yace una potencial matriz de recuerdos, instintos y deseos reprimidos que influyen en nuestro comportamiento. Pero no solo nuestra mente se volvió opaca, también la de todos lo que nos rodean. ¿Mi pareja está conmigo porque disfruta de mi compañía o solo busca distraerse?

¿Qué es lo que nos motiva en realidad? Esta es la pregunta que Sigmund le hizo al mundo. Claramente, es una manera algo paranoica de ver las cosas. Fomenta la sospecha, nos anima a vernos a nosotros y a los demás siempre a través de una lupa, pues ahora sabemos que la mente no es transparente. Esta opacidad, sin embargo, es mucho más realista que la falsa imagen racional del ser humano que dominaba la época de finales del s. XIX. Aunque es verdad que muchas veces, cuando actuamos, respondemos a un deseo consciente, también es cierto que el circuito de nuestra lógica es más un laberinto que una línea recta; se topa todo el tiempo con calles sin salida, regresa sobre sí misma y se enreda. Es necesario tener las herramientas correctas para no perderse en el camino, y una de ellas es el psicoanálisis.

Puede ser que Freud, al presentarle al mundo su propio inconsciente, nos haya condenado a todos a recorrer el laberinto de nuestra propia mente. Que, al intentar iluminar las áreas más oscuras de la psique, nos haya mostrado qué tan opacas son. Pero la disciplina que fundó es la lámpara que nos lega para iluminar el camino de la mente humana y, así, encontrar el sentido en la irracionalidad.

«LAS REGLAS DECISIVAS DE LA LÓGICA NO TIENEN VALIDEZ ALGUNA EN LO INCONSCIENTE; SE PUEDE DECIR QUE ES EL REINO DE LA A-LÓGICA».

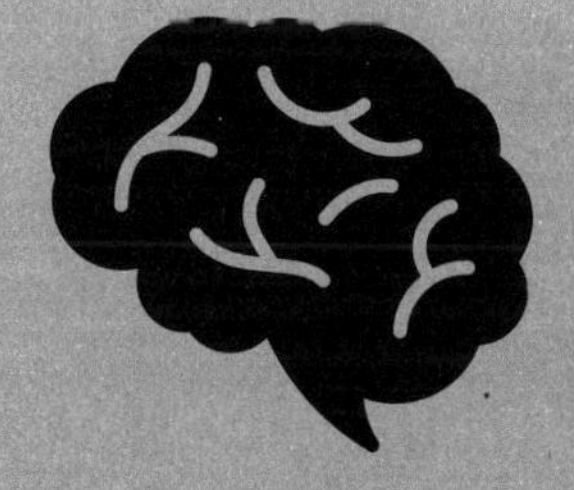

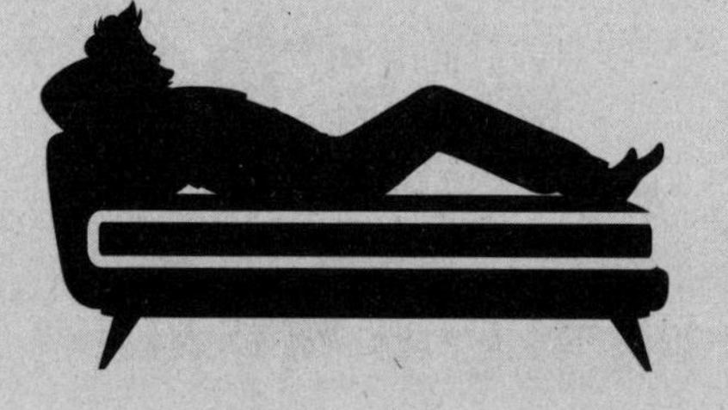

«A PRIMERA VISTA PARECE ASOMBROSO QUE VIVENCIAS HACE TIEMPO TRANSCURRIDAS PUEDAN PRODUCIR EFECTOS TAN INTENSOS, QUE LOS RECUERDOS DE ELLAS NO SUCUMBAN AL DESGASTE EN QUE VEMOS CADUCAR A TODOS NUESTROS RECUERDOS».

ESCUCHAR AL CUERPO

LECCIÓN 7

Freud dominaba varios idiomas, pero tal vez ninguno le fue tan útil como el lenguaje corporal. Era capaz de leer los gestos más sutiles: una mueca de dolor, una molestia al caminar, una leve incomodidad al levantar el brazo. Pensaba que cada tic era un mensaje, pues estaba seguro de que el cuerpo humano era capaz de expresarse. Descubrir qué era lo que quería decir, sin embargo, requirió años de investigación.

En *Estudios sobre la histeria*, libro considerado el acta de nacimiento del psicoanálisis, analiza los casos de pacientes mujeres que habían sido diagnosticadas con histeria, una condición que desconcertaba a los doctores de la época, pues, a pesar de los severos síntomas que presentaban quienes la padecían —que iban desde desmayos hasta la repentina incapacidad de mover una extremidad—, no parecía tener una explicación física. Por lo menos no una que pudiera explicar de manera satisfactoria la amplia y variada gama de síntomas.

El doctor Freud adoptó un enfoque diferente a la hora de rastrear el origen de los síntomas de sus pacientes. Descubrió que, si bien era cierto que muchos no tenían una explicación orgánica, sí tenían una causa. Estaba escondida en el pasado. Según él, los síntomas, independientemente de cómo se presenten, se originan por un suceso específico, que en su momento estuvo cargado de emociones tan intensas, y en su mayoría también tan negativas, que fue reprimido por la mente consciente. Así, el recuerdo doloroso es ignorado, apartado, pero no eliminado.

Al contrario, pensaba, el recuerdo vive todavía. No como un fósil o una reliquia del pasado que uno puede manipular y estudiar. Los recuerdos reprimidos se comportan más como una batería activa que permanece, latente, en la parte más profunda de nuestra mente. Envía pulsos de energía por nuestro cuerpo, haciendo hablar a las emociones a través de pequeños y grandes dolores.

Freud se percató de esto cuando trató a Elizabeth von R. La joven le fue referida porque su doctor previo había sido incapaz de encontrar una razón somática que explicara el dolor recurrente que sentía en las piernas. Se aseguró de realizarle un examen médico tradicional y tampoco dio con un origen corporal. Lo que sí encontró fue una explicación psicológica. Elizabeth cuidaba de su padre, quien, a causa de una enfermedad, debía mantenerse en cama y requería atención constante. Un día, motivada por su familia, salió a pasear con un joven que había mostrado interés en ella, y dejó durante unas horas su puesto de cuidadora al lado del lecho de su padre. Al regresar a casa, lo encontró peor de salud. La culpa que le causó haber desatendido sus obligaciones filiales por complacer su propio interés romántico hizo que apartara esta escena dolorosa de su mente consciente.

Aunque reprimió el recuerdo, las emociones ligadas a él no se desvanecieron. Sufrieron una metamorfosis. En un proceso que Freud llama *conversión*, el dolor psíquico de Elizabeth se convirtió en dolor físico, pues las emociones son como la energía: no se destruyen, solo cambian de forma. Hay momentos que son psíquicamente intensos: una pelea, una humillación, un luto. Si no son procesados, si no descargamos esa energía, ya sea mediante el llanto, la conversación o la introspección, se queda atrapada en nuestro cuerpo. Y, de manera inevitable, encontrará cómo expresarse.

El mecanismo de convertir un dolor psíquico en dolor físico es común en todos los seres humanos.

Aparece el síntoma somático. Es el *shock* eléctrico que manda la batería del recuerdo reprimido. Ahora bien, a dónde manda el pulso, es decir, por qué el síntoma se presenta como se presenta, es una cuestión muy personal. La razón por la cual el dolor de Elizabeth se localizó en sus piernas, por ejemplo, es esclarecedora. Aunque Freud no descartó que al comienzo pudiera haber existido un dolor físico real —según redactó el caso—, el padre de Elizabeth descansaba sus pies sobre las piernas de ella cuando le cambiaba las vendas, exactamente en el mismo lugar donde ella después empezó a sentir dolor. Interpretó que asociaba ese lugar de su cuerpo con el padre, con lo que entendía que eran sus deberes como hija, y con el doloroso recuerdo de haberlos descuidado. La energía psíquica latente ahora, transformada, se expresaba como un dolor físico, justo ahí donde el núcleo de asociaciones simbólicas era más fuerte.

No todos los síntomas tienen que ser igual de graves que los que padecía Elizabeth y las demás pacientes de Freud. El mecanismo de convertir un dolor psíquico en uno físico es común en todos los seres humanos. Tampoco tiene por qué ser solo el idioma de los recuerdos reprimidos. Ansiedades, preocupaciones y emociones fuertes presentes que uno no quiere o no puede confrontar de manera consciente encuentran una manera de expresarse a través de dolores de cabeza, uñas mordidas o una pierna incapaz de quedarse quieta. Lo que diferencia estos gestos de los síntomas de las pacientes de Freud es la intensidad de la emoción reprimida, el tiempo que lleva segmentada de la mente consciente y qué tanto afecta la vida diaria de la persona.

Lo que Freud trazó mediante su teoría del síntoma fue el plano del circuito eléctrico que utiliza la tensión psíquica para llegar a descargarse en el cuerpo, un circuito que todos llevamos. Cuando apretamos la mandíbula hasta el punto del dolor, o nos mordemos el labio inferior, o tensamos los hombros y hacemos puños con las manos, nuestro cuerpo está comunicando algo. Habla de lo que sentimos, expresa las emociones de las que todavía no somos conscientes.

Con su teoría demostró también que el pasado está mucho más cerca de lo que creemos. Que vive en el cuerpo. Que utiliza este mismo circuito, definido por una simbología personal, para hablar a través de dolores, molestias y tics. La memoria del cuerpo. Así, Freud nos enseñó que el cuerpo comunica lo que todavía no somos capaces de articular en palabras. Y que, si queremos entender la mente, primero tenemos que aprender a escuchar lo que el cuerpo nos quiere decir.

«LAS EMOCIONES NO EXPRESADAS NUNCA MORIRÁN. ESTÁN ENTERRADAS VIVAS Y SALDRÁN MÁS TARDE DE FORMAS MÁS FEAS».

«POCO A POCO APRENDÍ A UTILIZAR COMO BRÚJULA ESE DOLOR DESPERTADO».

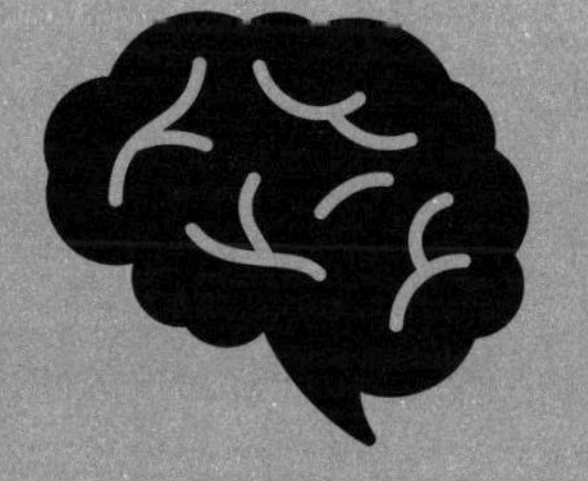

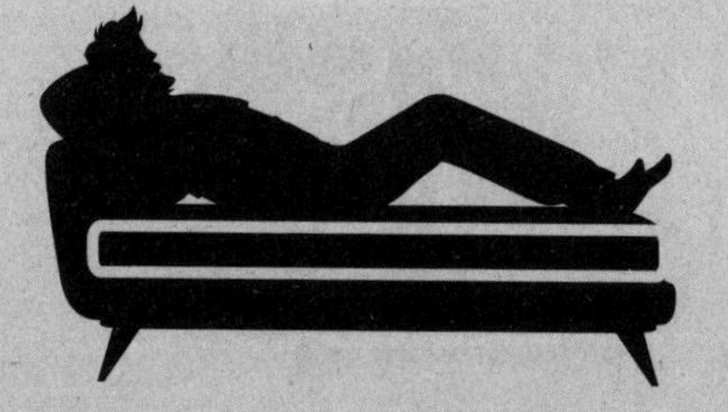

«EL ALMA JUEGA SOÑANDO CON LOS ESTÍMULOS QUE SE LE OFRECEN».

UN SUEÑO, UN DESEO

LECCIÓN 8

Los sueños fascinaron tanto a Freud que nunca terminó *La interpretación de los sueños*. Examinó y revisó el libro constantemente a lo largo de toda su carrera. A cada nueva edición le añadía notas al pie de página, mejoraba sus argumentos, matizaba sus conclusiones y defendía su metodología. La obra que él mismo consideraba su aporte más importante es, en muchos sentidos, la constante reinterpretación de un mismo sueño: el deseo de darle forma a nuestro inconsciente y así, por fin, entenderlo.

Porque, pensaba, eso son los sueños: realizaciones de deseos inconscientes. Soñar que tomas un vaso de agua no es solo una señal de que tu cuerpo tiene sed, sino una manera de satisfacer ese deseo mientras duermes. Puede que el placer no perdure hasta la mañana, pero en el sueño la gratificación, aunque imaginaria, es real. Soñar que tu profesor de primaria te llama la atención en clase también es, contra toda lógica, la realización de un deseo. Y también causa placer. Pero para descubrir exactamente qué deseo es y qué placer gratifica, se requiere de la interpretación.

Eso fue lo que Freud se propuso: desarrollar un método de interpretación onírica para decodificar qué esconden los sueños; pues la gran mayoría es enigmática y difícil de entender. Llegó a la conclusión de que nuestra mente consciente y autocrítica etiqueta varios de nuestros deseos como inapropiados, vergonzosos y hasta inmorales y los reprime al fondo del inconsciente. Los declara, en pocas palabras, imposibles de satisfacer. Pero como estos deseos insisten en ser cumplidos, nos llegan transformados en sueños, tan tergiversados que, a primera vista, uno los tacha de absurdos y carentes de importancia. Es como si nuestros deseos se disfrazaran para que los dejemos entrar en nuestro consciente.

Freud intuyó que el hecho de que los sueños no se rijan por la lógica diurna de nuestra mente consciente no quiere decir que no sigan una lógica propia. La metamorfosis de los deseos en los sueños es la manera en la que nuestro inconsciente logra evadir la censura: mezclando imágenes, poniendo máscaras y uniendo retazos, los sueños convierten nuestros deseos más profundos y reprochables en quimeras fantásticas. Esto es lo que llama *el trabajo del sueño*. De la misma manera en la que un poeta utiliza la rima y un escultor un cincel y martillo, la mente condensa varias imágenes en una, utiliza símbolos para asociar sentimientos fuertes con escenas banales y cotidianas. Así, estos deseos reprimidos logran cumplirse, aunque sea solo de noche y a escondidas.

Los sueños no son ilógicos, solo siguen otro tipo de razonamiento. No son absurdos, sino que hablan otro idioma. Esto los hace difíciles de entender, pero no es una tarea imposible. Si les prestamos atención y les quitamos la máscara, podremos vernos a nosotros mismos tal como somos y sin pretensiones.

> **Es como si nuestros deseos se disfrazaran para que los dejemos entrar en la zona VIP de nuestro consciente.**

La metodología de la interpretación freudiana, sin embargo, no funciona como una traducción literal. No es que Freud nos dejara un diccionario que diga: si soñaste con un gatito, significa que tendrás mucho dinero. Desmembrar cada elemento, símbolo por símbolo, tampoco nos llevará a transformar nuestros sueños en pensamientos coherentes. Aunque es cierto que hay imágenes y sueños recurrentes que gran parte de la humanidad parece compartir, como la temida pesadilla de aparecer desnudo frente a un público o la frustrante escena de correr y correr sin avanzar un solo paso, el analista afirma que el contexto del soñador es fundamental en la interpretación.

Los símbolos oníricos deben interpretarse tomando en cuenta el contexto, y no solo la trama del sueño en el que aparecen, sino toda la historia personal del soñador: su temperamento, su pasado y sus particularidades. Por ejemplo, un sueño idéntico no significa lo mismo para personas de diferentes situaciones económicas, nacionalidades o edades.

Por eso, Freud concibe el rol del psicoanalista más como un intérprete que un profesor con las respuestas del examen. El analista nos conduce por nuestros sueños como un guía turístico a través de una ciudad en ruinas que nos señala las partes más importantes, encaminando nuestra interpretación y centrando nuestra atención en los detalles más notables, mediante preguntas concretas y específicas. Pero es el soñador, al final, quien le otorga un significado a sus sueños. Somos nosotros los que decidimos qué construir sobre las ruinas que pueblan nuestra mente.

La interpretación de los sueños no es, pues, un simple truco de magia, aunque es cierto que ha derivado en ocultismo esotérico que utiliza su propia simbología. Al poner en palabras lo que pensamos que nuestros sueños intentan satisfacer, revelamos aquello que nos preocupa, nos interesa y deseamos. Esta es la importancia de esta metodología. Interpretar, después de todo, significa asignar un sentido. No es un ejercicio pasivo de referencia, la mera construcción de un puente entre los sueños del presente y los eventos, deseos o preocupaciones del pasado. Al contrario, es un ejercicio activo que, llevado a cabo de la manera correcta, puede ser invaluable para conocernos mejor.

Aunque hoy en día la ciencia se ha alejado de esta manera de interpretación de los sueños, fue Freud quien le otorgó valor a su absurda lógica y los hizo merecedores de nuestra curiosidad analítica. Y, a pesar de que varios aspectos de su teoría no pasaron la prueba del tiempo, todavía pueden guiarnos hacia un mayor entendimiento de nuestros propios deseos y, en especial, sobre cómo se esconden.

Su metodología, después de todo, habla de la necesidad de no dejarse engañar por lo que a primera vista parece irrelevante, irracional o inaceptable; justo lo que no queremos ver es lo que más necesitamos comprender. Freud creía que la interpretación era inagotable, que nunca hay solo una respuesta correcta. *La interpretación de los sueños* es, en muchas maneras, la prueba.

«LOS SUEÑOS NOS DICEN MUCHAS VERDADES BIOLÓGICAS DESAGRADABLES SOBRE NOSOTROS MISMOS Y SOLO LAS MENTES MUY LIBRES PUEDEN PROSPERAR CON ESA DIETA. EL AUTOENGAÑO ES UNA PLANTA QUE RÁPIDO SE MARCHITA EN LA TRANSPARENTE ATMÓSFERA DE LA INVESTIGACIÓN DE LOS SUEÑOS».

«EL SUEÑO MUESTRA CON FRECUENCIA UNA MÁXIMA SENSATEZ ALLÍ DONDE MÁS DISPARATADO PARECE».

**«LA TRANSFERENCIA
SE PRODUCE DE MANERA
ESPONTÁNEA EN TODAS
LAS RELACIONES HUMANAS».**

DIRECCIÓN DE *CASTING*

LECCIÓN 9

¿Cuántas veces vemos en personas extrañas caras familiares o le hemos dicho «mamá» a la maestra? A menudo tenemos la sensación de encontrarnos, una y otra vez, con quienes ya conocemos. Reconocemos en desconocidos la sonrisa de una amiga, la actitud de nuestra abuela, el temperamento de un hermano. Sigmund le puso nombre a esta peculiaridad de la vida: *transferencia*. La idea de que percibimos que el mundo está poblado por «dobles».

¿De dónde la sacó? De hecho, se topó con este fenómeno muy temprano en su carrera, cuando trató a Dora. De acuerdo a como redactó el caso, el padre de Dora la trajo a su consultorio porque la joven de tan solo 18 años había escrito una nota de suicidio. La razón, según ella, era que su padre tenía un amorío con una amiga de la familia y, en un tergiversado intento de equilibrar la balanza, la animaba a pasar tiempo con el esposo de su amante, el señor K. Ella cooperó, por lo menos hasta que el señor K. le propuso llevar su relación al siguiente nivel. ¿La respuesta de Dora? Una bofetada.

Freud la atendió por tres meses hasta que, abruptamente, ella decidió terminar su tratamiento. Él sintió este rechazo como una verdadera bofetada. No le tomó mucho tiempo dar el salto lógico: supuso que Dora estaba recreando la escena que tanto la había afectado meses antes. Durante el tratamiento, algo la transportó de vuelta al momento justo en el que el señor K. hizo ademanes inapropiados, desencadenando así la misma reacción, solo que esta vez fue Freud quien recibió el «golpe».

Era un claro caso de transferencia. Dora no lo veía solo como su doctor. Otras figuras masculinas importantes de su entorno estaban superpuestas en él: su padre y el señor K. Freud había recibido un rol específico de parte de Dora, un papel ya definido que, aunque él no había ayudado a escribir, le tocaba interpretar. La transferencia, entonces, es un proceso de desplazamiento. Explica la tendencia humana de vestir a nuevos actores con los disfraces de viejos roles. Dora había colocado a Freud en el mismo papel que antes habían ocupado el señor K. y su padre. Y, en consecuencia, lo trató de la misma manera.

Así es como terminamos viendo la cara de nuestra abuela en la señora de la cafetería o a nuestro padre en el jefe. Como Dora, todos tenemos en nuestra mente un catálogo de roles, y conforme las personas desfilan por el escenario de nuestra vida, les asignamos sus respectivos papeles, los cuales vienen cargados de emociones y actitudes que influyen en cómo nos comportamos con ellas. Por eso tratamos luego a la señora de la cafetería con una familiaridad exagerada o miramos con recelo y hostilidad al jefe que siempre ha sido cordial con nosotros.

Como un buen director de *casting*, nuestro inconsciente ejerce un cierto criterio a la hora de asignar roles. Siempre hay similitudes entre papel y actor que invitan a la comparación, como lo pueden ser características físicas particulares. Tanto Freud como el señor K., por ejemplo, eran hombres adultos. Pero no siempre son características tan superficiales y evidentes. Las similitudes que desencadenan el proceso de transferencia están en su mayoría basadas en la estructura de la relación, en su contexto. Freud y el padre de Dora, por ejemplo, eran quienes llevaban la voz cantante en la relación. Ambos ostentaban poder en la relación con ella y esto contribuyó a que ubicara a Freud en el rol de su padre.

La transferencia es un proceso de desplazamiento.

La transferencia es una manera natural de interpretar el mundo, de navegarlo. Comparamos constantemente nuevos estímulos con información pasada para saber cómo interactuar con ellos. Hacemos lo mismo con las personas. Como cada rol viene con su propio guion con un tipo específico de relación codificada, es mucho más fácil saber cómo abordar nuevas relaciones. Pero aunque este guion puede ser de gran ayuda a la hora de lidiar con el caótico «detrás de cámaras» de la vida diaria, si la escena está cargada de tensión o angustia, podemos terminar atrapados en un bucle temporal insano y perjudicial, creando y recreando una y otra vez la misma relación nociva sin siquiera darnos cuenta. Repetimos los mismos patrones.

Por esto, al principio Sigmund concibió la transferencia como un obstáculo que impedía el tratamiento correcto de sus pacientes. La relación demasiado personal que se formaba amenazaba así la objetividad clínica y científica a la que aspiraba, lo que podía llegar a impedir el análisis. No es de extrañar. Si un paciente ve en el analista a su propio padre, no le va a ser fácil ser honesto a la hora de hablar sobre cuestiones padre-hijo. El otro extremo también puede dar problemas. Si una de las pacientes colocaba a Freud en el rol de interés amoroso, por ejemplo, podía evitar hablar sobre eventos vergonzosos de su pasado en un intento de proyectar una imagen deseable de sí misma.

Freud se dio cuenta de que la transferencia que se creaba entre él y sus pacientes era inescapable pero de mucho valor. Lejos de ser un fenómeno que ocurría solo en su consultorio, se percató de que pasaba en todas las relaciones interpersonales. Al prestar atención a cómo sus pacientes reaccionaban ante determinadas situaciones podía deducir mucho sobre ellos. El vínculo doctor-paciente era un microcosmos en la inmensa constelación de relaciones en las que sus pacientes estaban enredados, y jalando del hilo que los unía a Freud, este podía estudiar cómo el resto se tensaba o relajaba.

Nuestras vidas, después de todo, no son obras unipersonales. Somos parte de una gran obra que construimos con la lista de personajes que tenemos en nuestra mente. El problema es que la mayoría de veces este *casting* se hace en secreto. El teatro de nuestra mente está a oscuras. Por eso es casi imposible darnos cuenta cuando repetimos la misma escena. Todo es mucho más claro en retrospectiva, pero en el momento específico nos es difícil vislumbrar el carácter cíclico de nuestras relaciones.

Freud encendió las luces del teatro, puso bajo el reflector a los actores y expuso sus disfraces; también nos sentó en una butaca y nos dio la oportunidad de ver la función desde la perspectiva del público. Al volvernos, por un momento, espectadores de nuestra propia vida, nos ofreció la distancia necesaria para ya no ser solo el actor, sino también el director de nuestras relaciones. Si bien la transferencia es inevitable, al volvernos conscientes de su existencia nos cedió la tinta roja con la cual podemos empezar a editar y reescribir el guion de nuestra vida.

«EL PSICOANÁLISIS NO LA CREA [LA TRANSFERENCIA]; MERAMENTE LA REVELA A LA CONSCIENCIA Y SE APODERA DE ELLA A FIN DE GUIAR LOS PROCESOS PSÍQUICOS HACIA LAS METAS DESEADAS».

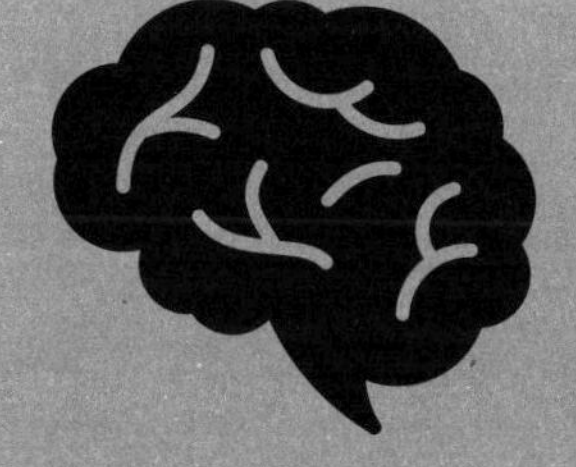

«HEMOS TENIDO [...] LA OPORTUNIDAD DE INVESTIGAR EN LA RAÍZ DE IMPORTANTES FORMACIONES CULTURALES LA AMBIVALENCIA DE SENTIMIENTOS EN EL SENTIDO GENUINO, VALE DECIR, LA COINCIDENCIA DE AMOR Y ODIO EN EL MISMO OBJETO. [...] SE PUEDE ADOPTAR EL SUPUESTO DE QUE ES UN FENÓMENO FUNDAMENTAL DE NUESTRA VIDA DE SENTIMIENTOS».

MANANTIAL Y DIQUE

LECCIÓN 10

Es común, y bastante incómodo, escuchar que inevitablemente terminamos casándonos con nuestros padres. El dicho, claro, es una metáfora. Se refiere a que tendemos a buscar en nuestras parejas ciertas características similares a las de nuestros padres. No es insólito. Modelamos mucho de nuestro comportamiento según lo que aprendemos en la infancia, y es natural que en la búsqueda de nuestra propia relación amorosa intentemos replicar lo que siempre hemos tenido por referencia. Nuestros padres, para bien y para mal, son el norte al que apunta la brújula que usamos para navegar nuestras relaciones románticas.

Sigmund Freud, sin embargo, creía que este pedazo de sabiduría popular podía ser entendido de una manera más literal. O, por lo menos, que denunciaba una verdad oculta de nuestra condición humana que, por el rechazo que nos causa la idea, todos preferimos ignorar. Como era característico en él, no se dejó amedrentar por el tabú social del tema y decidió abrir la caja de Pandora para examinar qué tan cierto era. Inspirado por la historia del trágico héroe griego de Sófocles, que por los crueles designios del destino termina matando a su padre y casándose con su madre sin saberlo, convirtiéndose así en el padre de sus hermanos, acuñó el término *complejo de Edipo*. Este es el deseo latente de ser el cónyuge de nuestros padres que, según Freud, compartimos todas las personas.

Si uno reduce el complejo de Edipo a sus componentes más básicos, la fórmula es la siguiente: en un momento dado del desarrollo infantil, entre los 3 y 5 años de edad, el niño se interesa sexualmente por su madre y, en consecuencia, empieza a ver a su padre como competencia en la disputa por su atención y afecto. Esto crea en el niño sentimientos de hostilidad hacia la figura paterna. En el caso de las niñas, estas desarrollan un interés incestuoso por el padre y muestran un comportamiento hostil hacia la madre, a quien culpan por no haber nacido con pene. Esta etapa termina cuando el niño y la niña se identifican con sus padres del mismo sexo y los deseos incestuosos son reprimidos en el inconsciente.

Pero lo reprimido, como ya se ha mencionado, por más vergonzoso e inadmisible que sea, siempre encuentra la manera de salir a flote. Este deseo incestuoso, metamorfoseado más allá de lo reconocible, influye de manera oculta las características que buscamos en una pareja, en cómo nos relacionamos con ella y en lo que intentamos satisfacer a través del amor. Puesto de esta manera cruda y literal, es difícil aceptar que el complejo de Edipo sea una parte fundamental del desarrollo psicosexual de todas las personas y que no es algo de lo que podamos escapar.

Pero lo reprimido, por más que sepamos lo vergonzoso e inadmisible que es, siempre encuentra la manera de salir a flote.

La reacción de Edipo al final de la obra de Sófocles es comprensible: horrorizado al comprender lo que hizo, decide arrancarse los ojos en un último y desesperado intento de dejar de ver.

Lo que el complejo de Edipo explica es el carácter ambivalente de las relaciones padres-hijos. Es natural que un niño sienta al mismo tiempo cariño y hostilidad hacia sus padres. Después de todo, son ellos quienes proveen a los hijos de cariño, estabilidad y afecto. En caso ideal, son un manantial inagotable de amor incondicional. A través de ellos los niños también cubren sus necesidades más básicas: alimento, protección, higiene. Pero a la vez son los padres los que imponen las reglas y los castigos. Ellos se encargan de declarar que hoy no se come postre y controlar cuánto tiempo queda para jugar hasta corregir el mal comportamiento. Los padres son los diques que evitan la realización de los deseos infantiles.

Si para los adultos ya es bastante difícil navegar las complejidades y matices que definen todas las relaciones interpersonales, para los niños es una tarea de proporciones titánicas. Entender que los padres son a la vez manantial y dique, que limitan a la vez que posibilitan, es un ejercicio para el que todavía no están listos. No es sorprendente, entonces, que la frustración que esta ambigüedad desata arrebatos de comportamientos hostiles, ataques de celos y el ocasional berrinche.

El complejo de Edipo ilustra de manera sintética esta relación ambivalente. Esta teoría de Freud ha sido el blanco de críticas por ser una generalización de casos muy particulares. Él asume que el complejo de Edipo es un rito de iniciación por el que todos debemos pasar antes de entrar a la sociedad como sujetos sexuales, un proceso igual de inevitable que el terrible destino de Edipo.

El complejo de Edipo se centra alrededor de la figura del pene. Al intentar traducirlo a la experiencia femenina, no fue capaz de dejar atrás esa perspectiva. Por eso el llamado *complejo de Electra*, término acuñado más adelante por Carl Jung, se caracteriza por por una comprensión bastante superficial, y a veces simplemente errónea, de la sexualidad femenina. Freud pensaba que las mujeres, al descubrir su falta de pene, se desilusionan. Esta carencia se vuelve la causa de su baja autoestima, que las acompaña hasta la adultez, y las empuja a buscar la atención romántica de su padre en un intento de compensar su falta de amor propio.

Con todo, fue Freud el intrépido aventurero que descubrió las coordenadas de esta pequeña fisura en la relación padres-hijos, capaz de provocar tensiones de magnitudes tectónicas en la geografía psíquica de los niños que recién están aprendiendo a leer el mapa de sus propias emociones. Así, nos condena a «matar a nuestros padres», pero es una muerte metafórica. El arma homicida es el reconocimiento, irreversible y doloroso, de que son figuras fragmentarias e imperfectas. Que son capaces de dar y tomar, de permitir y prohibir, de alentar y cohibir. Nos destina también a casarnos con ellos, por fortuna solo en el sentido figurado.

«GRAN PARTE DE NUESTRO VALIOSO PATRIMONIO CULTURAL SE HA ADQUIRIDO A COSTA DE LA SEXUALIDAD».

«COMO EDIPO, VIVIMOS EN LA IGNORANCIA DE AQUELLOS DESEOS INMORALES QUE LA NATURALEZA NOS HA IMPUESTO, Y AL DESCUBRIRLOS QUISIÉRAMOS APARTAR LA VISTA DE LAS ESCENAS DE NUESTRA INFANCIA».

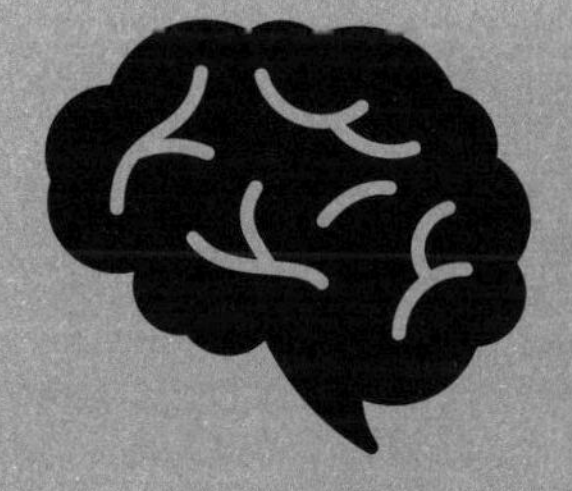

«NO CREO QUE UN SUCESO EN CUYA PRODUCCIÓN MI VIDA ANÍMICA NO HA PARTICIPADO PUEDA ENSEÑARME ALGO OCULTO SOBRE EL PERFIL FUTURO DE LA REALIDAD».

UN GATO NEGRO CAMINA SOBRE TU ALMA

LECCIÓN 11

No pases la sal de mano en mano, ni tampoco las tijeras; nunca abras el paraguas antes de que empiece a llover y, sobre todo, ten mucho cuidado con los gatos negros. Estas son solo unas cuantas de las recomendaciones que ofrece la superstición popular para no atraer la mala suerte. Y, aunque digamos una y otra vez que no somos supersticiosos, que en realidad no creemos que algo malo vaya a suceder si rompemos las reglas, tampoco está de más ser cauteloso, ¿verdad? Toca madera. ¿Para qué tentar al destino? Después de todo, no cuesta nada tirar un poco de sal sobre el hombro izquierdo para prevenir…

Sigmund compartía esta inclinación supersticiosa. A pesar de que era un firme creyente en la racionalidad del ser humano y se esforzó por combatir y exponer la superstición y el esoterismo de su época, en el ámbito privado muestra otro lado: sus cartas revelan una gran preocupación por el significado de los números que, él creía, ocultaban información invaluable sobre su futuro. Durante años, por ejemplo, creyó que estaba destinado a morir a los 51 años, y luego a los 61. Su obsesión por la numerología lo llevó a asignar significados a números fortuitos. En una carta que le escribió a un amigo suyo mientras editaba el manuscrito de *La interpretación de los sueños*, por ejemplo, preocupado por cómo la crítica recibiría el libro, dijo que el texto contenía 2467 errores. Para cualquiera, este número no habría sido más que una exageración para resaltar la supuesta falta de rigor académico de su manuscrito. Pero no, Freud, vio en este número una inequívoca señal de que solo le quedaban 24 años de carrera profesional. ¿Por qué?

Así lo interpretó: había empezado a trabajar a los 24, si sumaba su edad actual de 43 años, obtenía 67. Juntas, estas cifras formaban 2467. Su conclusión era, para él, obvia y racional.

El ejemplo es perfecto para mostrar cómo funciona la superstición: el supersticioso le asigna un significado a un evento o que para los otros no es más que un suceso aleatorio. Para el supersticioso, sin embargo, el evento al que ha revestido de un importantísimo sentido puede anunciar o causar desde un pequeño infortunio hasta una tragedia de proporciones cósmicas. Así como Freud veía señales ocultas en ciertos números, otros presagian la inminente llegada de la mala suerte por caminar debajo de una escalera, por ejemplo, o la de la buena suerte en una simple herradura. La superstición es un filtro a través del cual las más inesperadas nimiedades adquieren significado.

Aunque reconocía su tendencia supersticiosa, no parece haberse dado cuenta de lo fuerte que era ni lo mucho que distorsionaba su visión de las cosas. Por lo menos, no parece que lo admitiera. Tal vez su reticencia tiene que ver con lo que pensaba acerca de los supersticiosos: que tienen siempre malas intenciones. El supersticioso se preocupa porque algo malo le vaya a suceder. Aunque hay supersticiones que anuncian el bien, como encontrar un trébol de cuatro hojas, en su mayoría tienden a marcar un repentino y violento golpe, una tragedia. Freud creía que los supersticiosos veían señales de infortunio por todas partes porque, en secreto, le deseaban el mal a otros. Pero como saben que esta actitud es inmoral e inaceptable reprimen estos deseos, que luego expresan a través de su visión supersticiosa del mundo. Las malas intenciones que reprimen las trasladan al avistamiento de un gato negro o a la caída del salero sobre la mesa. No es raro, pues, que Freud no haya querido diagnosticarse como supersticioso.

No basta, entonces, con entender el origen de nuestra naturaleza supersticiosa para deshacernos de ella.

Pero, a pesar de sí mismo, lo era. Y esto muestra lo arraigadas y potentes que pueden ser las compulsiones de la mente. Incluso él, que estudió rigurosamente las supersticiones, su funcionamiento y su razón de ser, no era inmune a ver señales en casualidades. No basta con entender el origen de nuestra naturaleza supersticiosa para deshacernos de ella, pensaba, las supersticiones son una proyección de algún complejo, trastorno o deseo interior reprimido. Y como bien demostró, no es fácil lidiar con lo que se oculta en nuestro inconsciente. El supersticioso no quiere, o no puede, mirar hacia el interior para descubrir el verdadero significado del evento o fenómeno que interpretó como «una señal». Alguien que no es consciente de querer que algo malo le pase al jefe que odia, por ejemplo, puede interpretar después el hecho de que su cumpleaños cae ese año en un viernes 13 como una señal de mala suerte para sí mismo. Así, en vez de confrontar el problema real, desvía su atención al mundo exterior.

Por eso creía que sí había que interpretar las señales que desencadenan el pensamiento supersticioso, pero las veía como una invitación para mirar hacia adentro. El mensaje oculto que hay que descifrar cuando se nos cae el salero no es el de una desgracia programada en el calendario, sino que el hecho de que estos eventos nos causen preocupación o ansiedad significa que, de antemano, ya estábamos preocupados o ansiosos por algo. Estos fenómenos solo cristalizan los sentimientos reprimidos, y el significado que les asignamos proviene de nuestro interior.

Según Freud, nuestra psique nunca hace nada sin tener una razón. Esta puede ser en apariencia ilógica, laberíntica y opaca. La superstición entonces tiene también su razón de ser. Es otra manera en la que nuestro inconsciente se comunica, otra forma en la que supera la censura de nuestra parte más crítica y se hace oír. Su lenguaje está lleno de gatos negros y espejos rotos, de tréboles de cuatro hojas y números mágicos. Debemos aprender a descifrarlo, no para predecir qué nos depara el futuro, sino para comprender qué se oculta en nuestra mente. Así que la próxima vez que sientas el impulso irracional de tocar madera para protegerte del mal, tal vez sea mejor que reflexiones por qué, que intentes encontrar aquello reprimido que intenta manifestarse. Aunque tampoco está de más que toques madera, después de todo, uno nunca sabe qué puede pasar, ¿verdad?

«NO PUEDO SER OPTIMISTA, SOLO ME DISTINGO DE LOS PESIMISTAS, CREO, EN QUE LAS COSAS MALAS, ESTÚPIDAS Y SIN SENTIDO NO ME PERTURBAN PORQUE LAS HE INCORPORADO DESDE EL PRINCIPIO A LA COMPOSICIÓN DEL MUNDO».

«EL SUPERSTICIOSO NADA SABE DE LA MOTIVACIÓN DE SUS PROPIAS ACCIONES CASUALES Y [...] ESTA MOTIVACIÓN SE ESFUERZA POR OBTENER UN SITIO EN SU RECONOCIMIENTO, ÉL ESTÁ CONSTREÑIDO A COLOCARLA EN EL MUNDO EXTERIOR POR DESPLAZAMIENTO».

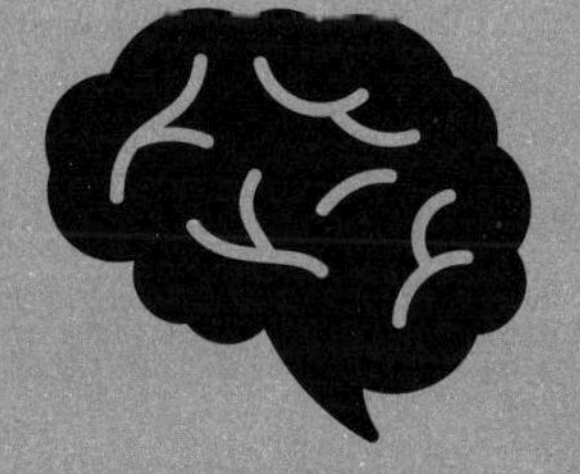

«SUPONEMOS QUE LAS PULSIONES DEL SER HUMANO SON SOLO DE DOS CLASES: AQUELLAS QUE QUIEREN CONSERVAR Y REUNIR [...] Y OTRAS QUE QUIEREN DESTRUIR Y MATAR. [...] NO SON SINO LA TRANSFIGURACIÓN TEÓRICA DE LA UNIVERSALMENTE CONOCIDA OPOSICIÓN ENTRE AMOR Y ODIO».

PLACER Y DESTRUCCIÓN

LECCIÓN 12

Sigmund estaba acostumbrado a modificar sus teorías. Vivió 83 años, de los cuales pasó la mayoría desarrollando el psicoanálisis. Es difícil imaginar que en tantas décadas no hubiera cambiado de opinión unas cuantas veces. Pero lo que más influyó en que desarrollara otros enfoques en su teoría fueron los horrores de la Primera Guerra Mundial. Había construido su entendimiento del ser humano alrededor de un principio central: estamos definidos por la búsqueda del placer y la evitación del displacer. Como la aguja magnetizada de una brújula, nuestro comportamiento se orienta hacia un solo norte. Por lo menos eso pensaba hasta que la guerra lo forzó a reconocer la inmensa capacidad de violencia y agresión que compartimos los seres humanos.

Para Freud, el placer significa la falta de tensión mental. El displacer, por ende, abarca no solo las sensaciones dolorosas o incómodas, sino todas las situaciones que nos fuerzan a interactuar y negociar con la realidad. Imagina el estado placentero como un lago en calma. Los estímulos externos son pequeñas piedras que caen en el agua, perturbando su superficie. La vida cotidiana, como la alarma que te despierta en la mañana, la breve interacción que tienes con quien te atiende en el café y el tráfico matutino de camino al trabajo son tensiones tan comunes y habituales que apenas sentimos sus reverberaciones en el agua. Un evento traumático, una pelea con tu pareja o la pérdida de un ser querido, por otro lado, son enormes peñascos que causan olas que azotan las orillas del lago mucho tiempo después de haber pegado en la superficie del agua. Entonces, el ser humano está definido por un constante intento de mantener el lago en calma. En otras palabras, perseguimos el placer y evitamos el displacer.

La Primera Guerra Mundial cambió el panorama por completo. El nivel de violencia era de tal magnitud que rompió el marco teórico freudiano de la búsqueda del placer como la motivación principal de nuestros actos. Freud no podía explicar la intensidad de la agresión y la violencia que estaba atestiguando. Podía ser una excepción, postuló al principio: un momento particular en el que la destrucción se vuelve el norte del comportamiento humano porque las circunstancias así lo demandan. Pero pronto se dio cuenta de que incluso cuando los soldados regresaban a casa, cuando salían del contexto del enfrentamiento violento, este instinto destructor no desaparecía. Los sueños lo reflejaban. Como ya se mencionó, él sostenía que los sueños son siempre la realización de deseos inconscientes. Causan placer, aunque a primera vista no lo parezca. Los sueños de los soldados, sin embargo, no se atenían a esta teoría. Muchos veteranos sufrían acosados por sueños recurrentes de sus peores y más terribles experiencias en la guerra, sueños que de ninguna manera causaban placer. La brújula del comportamiento señalaba directamente en la dirección opuesta.

Freud tuvo que hacerle espacio a la idea de que el ser humano también responde a un instinto destructivo. Lo llamó *la pulsión de muerte*. Es el opuesto directo del instinto que nos impulsa a la búsqueda del placer, *la pulsión de vida*, el norte original al que apuntaba su brújula. Si la llamada de la vida nos orienta hacia la unificación y la creación, al orden y la armonía, la pulsión de muerte nos dirige a la destrucción y a la inercia. Él veía este instinto, alcanzado mediante la agresión y la violencia, como un regreso al estado natural de la materia, a la total descomposición del orden.

El aprendizaje del comportamiento civilizado nos impide descargar la pulsión de muerte hacia afuera, pero no hacia adentro.

Pero la pulsión de muerte no aparece solo en momentos de extrema violencia, está siempre latente en todos nosotros, actuando como el otro polo magnético de la condición humana; Freud creía que la energía destructiva se dirigía primero hacia el interior, que tiende a la autodestrucción, y luego buscaba ser descargada fuera del cuerpo. Se ve en los niños pequeños que les pegan con desesperación a sus padres cuando se sienten frustrados o cuando golpeamos el control de la televisión cuando no funcionan los botones. Como se nos enseña que herir a los otros está mal, aprendemos empatía y respeto, y así empezamos a regular y controlar nuestros instintos más destructivos, pero estos no desaparecen por completo. El aprendizaje del comportamiento civilizado nos impide descargar la pulsión de muerte hacia afuera, pero no hacia adentro. Así, la energía destructiva se dirige hacia la propia persona. Freud veía evidencia de esto en los pequeños gestos, como aferrarse a mechones de cabello cuando se está frustrado, morderse el labio o hundir las uñas en las palmas de la mano.

La Primera Guerra Mundial y su violencia transformaron el principio fundamental freudiano de que, como seres humanos, buscamos siempre el placer. Freud ahora tenía que lidiar con el hecho de que, como personas, buscamos también el displacer, el caos y hasta la destrucción. Llegó a la conclusión de que ambas pulsiones, la vida y la muerte, ejercen fuerza sobre nosotros. Como los polos magnéticos de la tierra, nos jalan en direcciones opuestas. Entender el comportamiento humano, por lo tanto, se volvió un ejercicio de intuir hacia qué polo se dirigen nuestras acciones en un determinado momento.

Si bien ciertos actos se orientan claramente hacia uno de los polos, no es tan fácil adivinar los del día a día. Al hacerle un favor a un ser querido, es claro que damos un paso en dirección hacia la vida, hacia el norte del placer, la unificación y la creación. Al insultar a alguien, por otro lado, nos movemos atraídos por la llamada de la muerte, nos dirigimos hacia el sur de la agresión y la destrucción. Pero, en general, nuestras acciones están definidas por la combinación de ambos impulsos, que incluso se oponen directamente. Si tomamos alcohol en exceso, por ejemplo, buscamos el placer, pero también, de una manera mucho más encubierta, redirigimos un impulso destructivo hacia nuestra propia persona. Cuando posponemos estudiar, trabajar o lavar la ropa, no solo evitamos el displacer aplazando una acción concreta, sino que nos castigamos por el sentimiento de culpa que surge por no hacer lo que deberíamos. Así, la brújula nos jala hacia los instintos agresivos. Estamos compuestos de dos instintos antagónicos, ubicados en polos opuestos de nuestra geografía mental. Ambos nos llaman, y a ambos les respondemos.

Este fue el gran descubrimiento de Freud. Al verse forzado a incluir la llamada de la destrucción, la violencia y la agresión en su entendimiento de nuestro comportamiento, puede ser que haya perdido, por un momento, la brújula que lo guiaba por el bosque de nuestra psique. Pero avistó la inmensa complejidad de las motivaciones humanas y comprendió que no nos guía un solo propósito, sino que a veces, cuando buscamos placer, nos hacemos daño, y que podemos desear lo poco placentero y querer el caos.

«A QUIENES CREEN EN LOS CUENTOS DE HADAS NO LES AGRADA OÍR MENTAR LA INNATA INCLINACIÓN DEL HOMBRE HACIA "LO MALO", A LA AGRESIÓN, A LA DESTRUCCIÓN Y CON ELLO TAMBIÉN A LA CRUELDAD».

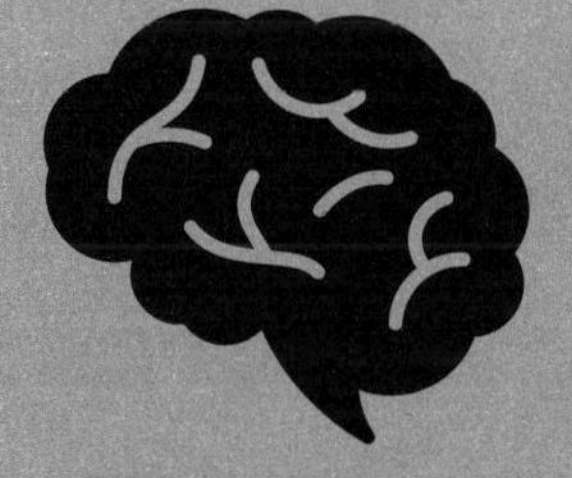

«EL LENGUAJE POPULAR CARECE DE UN TÉRMINO QUE CORRESPONDA AL DE "HAMBRE" EN LO RELATIVO A LO SEXUAL. LA CIENCIA USA EN ESTE SENTIDO LA PALABRA *LIBIDO*».

LA CAMA PSICOANALÍTICA

LECCIÓN 13

Todo está relacionado con el sexo: ya sea porque uno no lo practica con frecuencia o porque lo hace demasiado, o lo hace mal, el sexo es la causa de todos nuestros problemas. Al menos esa es la idea general que se le atribuye a Sigmund Freud, popular hoy en día por convertir la cama en el centro de las explicaciones de los fenómenos mentales.

La cuestión no es tanto que el sexo es a la vez la causa y el antídoto de todos nuestros males, tanto personales como culturales, sino que, como seres humanos, somos —de manera inescapable— seres sexuales. Y por más que cerremos la puerta de la habitación para mantener la cama fuera de la vista y nos inventemos eufemismos cada vez más y más creativos para no tener ni que susurrar la palabra, la sexualidad es una parte clave de la conversación que debemos tener si queremos entendernos plenamente.

Freud hizo de la sexualidad uno de los cimientos del psicoanálisis, influenciado por sus años como doctor y su tiempo, breve pero determinante, como investigador científico. Luchó con insistencia para que el psicoanálisis fuera concebido y respetado como una ciencia natural, como sucedía con la biología y la química; quería otorgarle un cierto sello de validez empírica a su nueva disciplina. La investigación de la psique humana, imposible de diseccionar como los objetos de estudio de las demás ciencias, necesitaba de algo que la anclara, que le otorgara un carácter fiable, observable y tangible para alcanzar la categoría de «ciencia». Fue en esta búsqueda de objetividad científica que hizo de la sexualidad una parte fundamental de su estudio de la condición humana.

La sexualidad era el territorio perfecto para hacer aterrizar el psicoanálisis, pues es una de las pocas áreas de la vida humana que parece tomar en cuenta de igual manera la mente y el cuerpo. Hoy estamos acostumbrados a pensar en el cuerpo y la mente como entidades separadas, casi dicotómicas. Lo mental e intangible por un lado, lo corporal y tangible por otro. Nos imaginamos a los seres humanos casi como un cerebro que pilotea una nave. Pero esta imagen no puede estar más lejos de la realidad. Lo psíquico encuentra siempre una manera de expresión en el cuerpo y este llega a influir de manera fundamental en lo psíquico. La división mente-cuerpo es difusa y dinámica. Y en ningún lugar queda esto más claro que en la sexualidad.

El neurólogo descubrió la dimensión mental de la sexualidad estudiando lo que en su época se consideraban perversiones sexuales. Estas, de acuerdo con él, son el resultado de un bloqueo de la energía sexual, lo que llama *libido*: uno de los instintos primarios del ser humano. Fluye como un río por nuestra mente y cuerpo, pero es muy fácil que su caudal se vea estancado. Hay ciertos fenómenos que, como si fueran diques, bloquean el libre curso de la libido. Pueden ser tanto sociales como personales, externos o internos. Las normas morales, como la prohibición del incesto, y las convenciones culturales, como la monogamia, son un tipo de dique que no le permite a la libido correr libremente. Factores internos, como las presiones psíquicas del pudor y la vergüenza, también pueden causar bloqueos, así como eventos o sucesos personales, como un recuerdo traumático o intenso.

Nos imaginamos a los seres humanos casi como un cerebro que pilotea una nave.

Estos factores se van acumulando. Rama a rama, tronco a tronco, se crean diques construidos por una robusta y casi impenetrable mezcla de sentimientos, imposiciones sociales e historias personales que bloquean el flujo libre de la libido. De esta manera, el agua se estanca, se desborda y desparrama por las áreas aledañas al cauce del río. La energía sexual termina inundando zonas a las que nunca debería haber llegado. Así es como se crean los fetiches sexuales. Las obsesiones con el cabello, los pies u otros objetos suceden porque la libido se desvió. Algún dique bloqueó el curso natural de la energía sexual y la corriente se desplazó a un área u objeto poco convencional que ahora toma el rol del epicentro del interés. De esta manera nuestra vida mental influye en nuestro cuerpo, desviando y redireccionando nuestra sexualidad, muchas veces sin que nos demos cuenta.

Freud estudió los casos más extremos de estas desviaciones, pero descubrió mecanismos compartidos por todos los seres humanos. Sus pacientes eran personas cuyas sexualidades habían sido distorsionadas de tal manera que les dificultaban la vida. El río de su libido se había estancado tanto que eran incapaces de establecer relaciones sexuales que no estuvieran empantanadas. Como analista, usó estos casos para entender cómo funcionaba la sexualidad humana en general. Mediante la investigación de cómo fluye el río, hacia dónde y por qué a veces no alcanza su meta, logró establecer lo «normal» o «común». Y probó así que todos llevamos un río dentro y que todos, a veces, construimos diques sin ser conscientes e irrigamos áreas más allá del cauce original del río.

No es motivo de alarma. No todos los bloqueos del río «libidinal» terminan por convertirse en lo que Freud llamaba *perversiones*. Hay diques que, más que estancar la libido, la encauzan de manera sana y productiva. Pensaba que la razón por la cual creemos que nuestros seres amados son más bellos, inteligentes, graciosos, y que los vemos bajo una luz más amable, es porque somos capaces de desplazar nuestra libido. En este caso, no es un estancamiento, sino una concentración de atención y cariño que hace florecer una zona determinada. Hay, además, diques que no frenan el río por completo y que son necesarios para poder llevar una vida sana. La vergüenza y el pudor nos permiten convivir en sociedad al mantenernos conscientes de las convenciones sociales. Si no crecen de manera desmedida, los diques funcionan más como muelles que reducen la fuerza de la corriente de la libido para poder manejarla correctamente, escogiendo el tiempo, espacio y manera para que fluya.

Para Freud, la sexualidad abarca mucho más que el acto sexual. Es a través de ella que podemos entender lo mucho que el cuerpo influye en la mente y viceversa, y cómo los vaivenes de esta relación afectan nuestra vida. Al construir buena parte del psicoanálisis sobre el colchón, liberó la sexualidad de los confines de la cama. Y, de paso, abrió de par en par la puerta de la habitación que tanto insistimos en mantener cerrada, pues sabía mejor que nadie que el pudor y la vergüenza son obstáculos para explorar las áreas más privadas del ser humano.

«NO PUEDO HALLAR MOTIVO ALGUNO PARA AVERGONZARSE DE LA SEXUALIDAD».

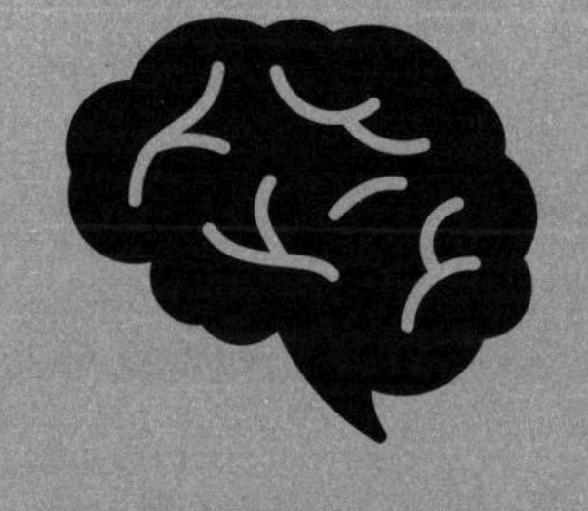

«AQUELLOS DAÑOS QUE RECAEN SOBRE UN ÓRGANO AÚN IMPERFECTO Y UNA FUNCIÓN EN VÍAS DE DESARROLLO SUELEN CAUSAR EFECTOS MÁS GRAVES Y DURADEROS QUE LOS SOBREVENIDOS EN EDAD MÁS MADURA».

EL ÁRBOL DE LA SEXUALIDAD

LECCIÓN 14

El padre del psicoanálisis emprendió una campaña implacable por revelar los secretos más privados de la vida, que tendían a generar tanto interés como espanto, pero ninguna de sus teorías horrorizó más al público de su época como la osada afirmación de que los niños también poseen un cierto tipo de sexualidad.

Era de esperarse. En una sociedad definida por la represión, la sola idea de que los niños podían ser algo más que pura inocencia era impensable. Freud, sin embargo, estaba determinado a levantar el tabú, pues sabía que detrás de él se escondía una idea fundamental para entender al ser humano: nuestra sexualidad crece con nosotros.

La sexualidad, decía, es un impulso instintivo, una energía particular orientada hacia el placer. A medida que crecemos y cambiamos, ella también lo hace. Como una planta, se transforma de semilla en flor. Esta transformación es lo que llamó *desarrollo psicosexual del ser humano*. Lo dividió en cuatro fases. Al principio de nuestra vida, en la *fase oral*, recibimos placer del acto de ser amamantados. Pronto aprendemos a recrear esta sensación placentera a través de otros actos, como chuparnos el dedo o morder un juguete. Como una planta que va creciendo, esto marca el surgimiento del primer brote, pues a la vez que alcanzamos un mayor grado de independencia —ya no dependemos de la madre para sentir placer—, la búsqueda del placer se vuelve una meta en sí, desligada de la necesidad básica de la alimentación.

Esta independencia se refuerza en la *fase anal.* Aquí, la causa de la sensación placentera está en el acto de retrasar el momento de defecación. El niño, que ahora tiene un mayor control sobre su cuerpo, aprende así a aplazar ciertos actos en busca del placer. A esto le sigue la *fase fálica*, que de todas se parece más a nuestra idea general de la sexualidad. La atención de los niños se vuelca sobre sus genitales y las sensaciones placenteras que estos pueden generar. También empiezan a interesarse por el cuerpo de otros. Después sigue un largo periodo de latencia en el cual los impulsos sexuales que se habían ido desarrollando son reprimidos debido a factores externos e internos, como las prohibiciones por parte de los padres, las reglas del buen comportamiento, la vergüenza y el pudor. Durante esta etapa la planta parece hibernar y su crecimiento se detiene en un intento por sobrevivir el ataque de las imposiciones sociales e internas del niño. Finalmente, en la adolescencia, aparece la *fase genital.* La planta, que según cada caso sobrevivió el invierno de la latencia, puede ahora volver a florecer. Los instintos que habían caracterizado las fases anteriores —el placer como una meta en sí mismo, el retraso del placer y los genitales como epicentro del interés sexual— se incorporan a una sexualidad más madura.

Estas fases, así como las describe Freud, no están nítida y claramente separadas la una de la otra. De la misma manera que uno reconoce cuando una planta deja de ser semilla y se convierte en flor, pero no puede indicar el momento exacto en el que la transformación ocurre, también evoluciona la sexualidad. Sigmund señaló y le puso nombre a una serie de acontecimientos, destacados y compartidos de la experiencia humana que indican hacia dónde se dirige la energía sexual en un momento dado de nuestro crecimiento; también demostró que este proceso es muy vulnerable, que puede tener regresiones y pausas, y que se encuentra muchas veces con obstáculos. Esta es, pues, la importancia de la perspectiva freudiana del desarrollo psicosexual: que la sexualidad no se descarga como un *software* mediante el repentino incremento de hormonas en el cuerpo, sino que, al contrario, va floreciendo poco a poco.

La sexualidad, decía, abarca más que solo el acto sexual.

La sexualidad también puede interrumpirse o retroceder. Hay ciertos factores que tuercen o marchitan los brotes de nuestra sexualidad. Aquí yace la causa, según Freud, de los problemas que nos acosan de adultos. Sostenía que el cuándo y el cómo de la interrupción del desarrollo sexual resultaba en un tipo específico de personalidad. Así, había personalidades anales, fálicas y orales. Estas últimas, por ejemplo, las describe como pasivas, dependientes, inseguras y hasta depresivas. Él veía el origen de estos sentimientos en la falta, en una posible ausencia de la presencia maternal y el acto de amamantar. La persona privada de estos acontecimientos importantes de la fase oral podía después intentar reemplazar la ausencia mediante el consumo excesivo de alcohol o comida, ambos actos que implican ingerir. Los pequeños desvíos del brote de la semilla terminan siendo así enormes bifurcaciones del tronco de la planta adulta.

Si bien hoy en día las afirmaciones freudianas sobre el origen de los tipos de personalidades no se han corroborado, pues las investigaciones no han demostrado ninguna relación entre el momento de interrupción del desarrollo sexual y la personalidad resultante, las clasificaciones que Freud describió son muy útiles a la hora de diagnosticar ciertas desviaciones en el crecimiento del árbol de la sexualidad. Aunque no se puede afirmar que la interrupción o las perturbaciones del desarrollo sexual sean la causa directa de todos nuestros problemas, sí es cierto que muchos condicionamientos que nos acompañan toda la vida se forman en la infancia.

Al afirmar que los niños también poseen una sexualidad, Freud quería demostrar que los primeros años de nuestra vida son determinantes. Es en la infancia cuando empiezan a florecer las estructuras que nos acompañarán el resto de nuestros días. Por ello es de máxima importancia tratar a los niños y respetar sus fases con el debido cuidado y atención.

Claro que es posible ayudar a florecer a una planta que creció ladeada y desnutrida. Esto es, en muchos sentidos y pocas palabras, la razón de ser del proyecto psicoanalítico. Quien ha cuidado de un jardín sabe que es más fácil que un árbol crezca fuerte y sano si lo cuidadmos desde que germina el brote, que tratarlo cuando ya es un viejo y enfermo roble.

«DEBEMOS TENER EN CUENTA LA POSIBILIDAD DE QUE ALGO EN LA NATURALEZA DEL INSTINTO SEXUAL EN SÍ ES DESFAVORABLE PARA LA REALIZACIÓN DE UNA SATISFACCIÓN COMPLETA».

«POCAS DE LAS AVERIGUACIONES DEL PSICOANÁLISIS HAN SUSCITADO UNA DESAUTORIZACIÓN TAN UNIVERSAL, UN ESTALLIDO DE INDIGNACIÓN TAN GRANDE, COMO LA ASEVERACIÓN DE QUE LA FUNCIÓN SEXUAL ARRANCA DESDE EL COMIENZO MISMO DE LA VIDA Y YA EN LA INFANCIA SE EXTERIORIZA EN IMPORTANTES FENÓMENOS. Y, NO OBSTANTE, NINGÚN OTRO DESCUBRIMIENTO ANALÍTICO ES SUSCEPTIBLE DE UNA PRUEBA TAN FÁCIL Y COMPLETA».

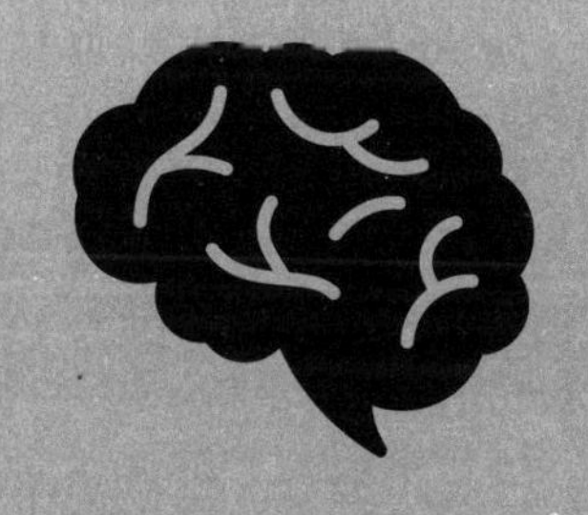

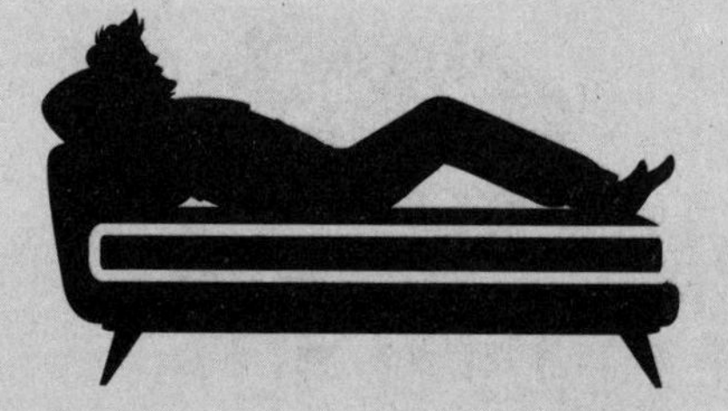

«DECIDIR CUÁNDO ES MÁS ACORDE AL FIN DOMINAR SUS PASIONES E INCLINARSE EN PIE DE GUERRA FRENTE AL MUNDO EXTERIOR: HE AHÍ EL ALFA Y EL OMEGA DE LA SABIDURÍA DE VIDA».

LAS RUTAS DEL PLACER

LECCIÓN 15

El ser humano camina, siempre que puede, en dirección al placer. Eso pensaba Freud. La ruta hacia allí, sin embargo, se bifurca muy temprano en nuestro desarrollo, y elegir cuál de los dos caminos tomar es una decisión que afecta mucho más que solo nuestra manera de alcanzar la satisfacción. Pues si bien ambos conducen al mismo lugar, los paisajes por los que nos llevan son opuestos: uno transita por la fantasía y el otro, por la realidad.

De pequeños es bastante fácil satisfacer nuestra necesidad instintiva de placer. Empezamos gozando de simples actos, como cuando nos amamantan. El recuerdo de este acto placentero se graba en nuestra memoria y la siguiente vez que sentimos hambre, fantaseamos con ella. La fantasía en sí nos causa placer y logra satisfacer por un momento el instinto. Esto es lo que Sigmund llama *el principio del placer*: nuestra necesidad de llegar al placer por la ruta más rápida, que se encuentra dentro de nuestra mente. Pero el placer de la fantasía, aunque inmediato, no es duradero, pues no se calma el hambre pensando. Comprender el carácter efímero de este tipo de placer resulta en una gran bifurcación psicológica, pues nos damos cuenta de que, si queremos sentir un placer más sólido, tenemos que cambiar la realidad: debemos saciar el hambre, y no solo imaginar que lo hacemos.

Aprendemos que no podemos vivir solo en nuestra mente, por más placentero que sea. Este abandono al placer de la fantasía es crucial en nuestro desarrollo, pues de aquí nace nuestra consciencia, esa parte de la psique que se encarga de interactuar, revisar y catalogar los estímulos externos que componen la realidad. Después de todo, si la única manera de recibir un placer más consistente es interactuando con el mundo, tenemos que prestarle atención a la realidad. Para Freud, entonces, es nuestra búsqueda de placer lo que nos vuelve conscientes del mundo exterior. Como ya no nos contentamos solo con nuestras fantasías, sino que queremos hacerlas realidad, tenemos que comprender el mundo en todas sus posibilidades para saber qué botones pulsar y qué palancas jalar.

...tenemos que saciar el hambre, y no solo imaginar que lo hacemos.

De esta manera se impone el *principio de la realidad*, la idea de que, para poder satisfacer nuestro instinto de placer tenemos que lidiar con el mundo exterior, aunque no queramos. El principio de la realidad va por el camino más largo, pues debe transitar por el mundo exterior donde puede encontrar obstáculos. No hay quien nos detenga a la hora de fantasear, pero en la vida real hay múltiples factores que debemos tomar en cuenta. Los obstáculos van desde las imposibilidades, como la incapacidad humana de volar, por ejemplo, pasando por las necesidades, como el tener que ir a trabajar en vez de descansar en casa todo el día, hasta lo que las normas sociales dictan, como no poder usar pijama en la oficina.

El principio de la realidad es un mediador entre el instinto de placer y la realidad del mundo. Es lo que nos permite postergar la búsqueda del placer, la razón por la cual decidimos terminar primero una tarea para después disfrutar de nuestro tiempo libre al máximo y sin culpa. Es por lo que ahorramos para luego irnos de viaje en vez de gastarnos el sueldo en placeres inmediatos, pero efímeros. El principio de la realidad negocia, aplaza y planea a futuro, actuando como el intermediario entre el impulso de la gratificación inmediata y un placer más duradero.

Freud consideraba la sustitución del principio del placer por el principio de la realidad como una señal de maduración y crecimiento psicológico. De pequeños, confiamos en nuestros padres y otras figuras de autoridad para que moderen los excesos en nuestra búsqueda de placer, interviniendo cuando deben. Mientras crecemos y asumimos mayores responsabilidades, contamos con menor supervisión. ¿Quién limita nuestro tiempo frente a la pantalla? Esto no quiere decir que renunciemos al placer por completo, sino que conviene.

El principio del placer no desaparece. Sigue vivo en nosotros el impulso de querer vivir una fantasía. Al tratar a una serie de pacientes que sufrían de trastornos neuróticos, Freud se dio cuenta de cómo influye el principio del placer en la adultez. Descubrió que la mayoría de ellos parecía ignorar la realidad. Cerraban con fuerza los ojos en un intento de no ver las cosas como eran para así seguir viviendo en una fantasía diseñada a la medida por ellos mismos para ser placentera. Una de sus pacientes, por ejemplo, era una joven que, en su afán por cuidar de su padre enfermo, se había vuelto una reclusa. A primera vista, este aislamiento parecía el sacrificio de una hija ideal y abnegada. Pero Freud veía en este comportamiento que su paciente se distanciaba de la realidad. Al pasar todo su tiempo en casa cuidando del padre, estaba aplazando el momento en que tenía que entrar al mundo adulto, algo que la angustiaba. Podía pasar todo su tiempo fantaseando, feliz dentro de su propia cabeza, en vez de tener que lidiar con la realidad. El principio del placer influye así de una manera sutil pero decisiva en nuestra forma de ver la realidad. O, mejor dicho, de no verla. La paciente se percibía a sí misma como alguien que ejercía sin falta sus deberes de hija, pero no se daba cuenta de que estaba usando esa perspectiva, esa fantasía, para aplazar el asumir responsabilidades respecto de su propia vida adulta.

Esto es algo que hacemos todos en mayor o menor medida. Nuestra percepción del mundo se ve fácilmente distorsionada por nuestros deseos. El principio del placer pinta por encima de la realidad su propia versión de las cosas, una versión, claro, mucho más alineada con nuestros deseos. Vivir en este mundo de fantasía tiene sus riesgos. Por eso llegamos a creer, por ejemplo, que nuestra pareja nos trata mejor de lo que en realidad hace o que nuestro trabajo es más satisfactorio de lo que es. Estas versiones son más placenteras que la realidad. Freud veía esto como una inclinación natural del ser humano, una manera de intentar gratificar ese instinto que nos impulsa siempre hacia el placer. Deshacernos de él es imposible, pero al volvernos conscientes de la existencia de ambos principios, nos dio también la capacidad de decidir qué ruta seguir: la de la inmediatez de la fantasía o, lento pero seguro, la de la realidad.

«ASÍ COMO EL YO-PLACER NO PUEDE MÁS QUE DESEAR, TRABAJAR POR LA GANANCIA DEL PLACER Y EVITAR EL DISPLACER, DE IGUAL MODO EL YO-REALIDAD NO TIENE MÁS QUE ASPIRAR A BENEFICIOS Y ASEGURARSE CONTRA PERJUICIOS».

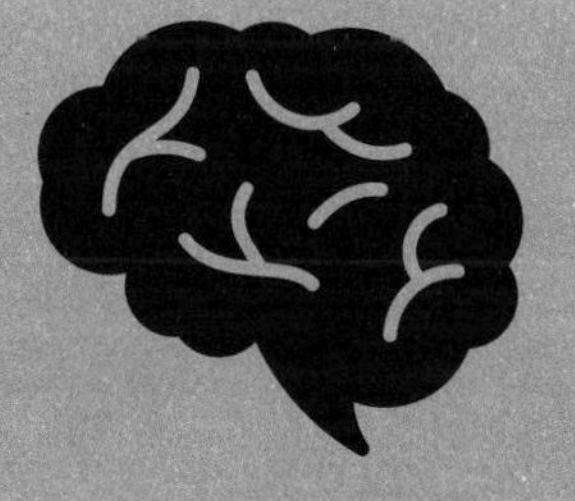

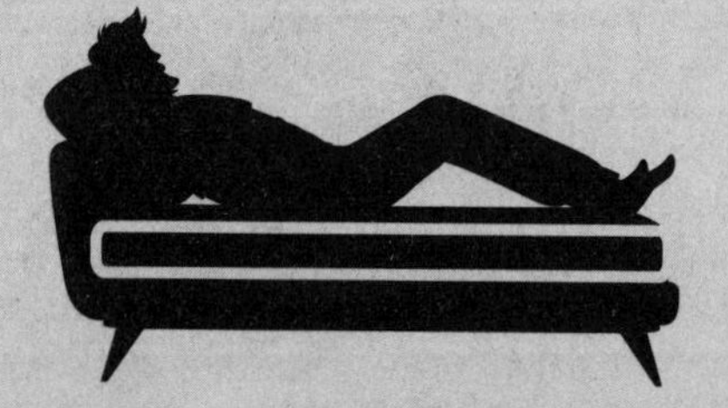

«NO TODOS LOS HOMBRES SON CAPACES DE LA ACTITUD HUMORÍSTICA; ES UN DON PRECIOSO Y RARO, MUCHOS HASTA SON INCAPACES DE GOZAR DEL PLACER HUMORÍSTICO QUE SE LES OFRECE».

PUERTA DE ESCAPE

LECCIÓN 16

«No te lo tomes en serio, solo estoy bromeando». Es una frase muy común. Funciona como un escudo, empuñado por quienes sienten que, ya sea de casualidad o no, ofendieron a alguien con un chiste demasiado hiriente. O por quienes cruzaron una línea social invisible en un intento de ser graciosos, revelando algo de sí mismos que hubiera sido mejor dejar oculto. Al verse expuestos, se apresuran a minimizar el daño causado: «Es solo una broma».

Pero ¿lo es? Freud no estaba del todo convencido. Los chistes fueron siempre objeto de su eterna curiosidad. Era un ávido recolector de bromas y anécdotas cómicas. En su libro *El chiste y su relación con lo inconsciente* decidió analizar su vasta colección para descubrir qué era exactamente lo que hacía que las bromas generaran placer. De paso, descubrió qué era lo que escondían; es decir, qué era lo que hacía que no fueran, en el fondo, solo una broma.

Empezó por investigar qué los hacía graciosos. Quería descubrir, en otras palabras, la forma de los chistes, su técnica. Se dio cuenta de que compartían estrategias con los sueños. Si bien estos son un medio sobre todo visual y los chistes viven siempre enredados en el lenguaje, ambos usan trucos y artimañas. Como los sueños, los chistes nunca dicen nada de manera directa, sino que deambulan por los callejones traseros de las alusiones y los atajos de la ambigüedad para causar gracia. Un ejemplo: un pez le pregunta a otro «¿qué hace tu padre?». El otro le responde «nada».

Al valerse de la ambigüedad del lenguaje, los chistes rozan la mentira manteniendo siempre un corazón de verdad. Puede ser que nunca digan nada de manera abierta, pero siempre insinúan. Por eso, Freud llegó a la conclusión de que la técnica no era lo único que los chistes y los sueños tenían en común: su propósito es también muy similar. Los sueños hacen pasar deseos inconscientes por una serie de espejos y caleidoscopios que, sin trastocar lo central —su núcleo—, los transforman lo suficiente para que la parte más crítica de nuestra mente consciente no los etiquete de inapropiados. Con los chistes sucede algo parecido. Sigmund decía que son la única manera que tenemos de superar muchas de las barreras impuestas por la sociedad. Mientras crecemos, vamos adoptando una serie de normas de comportamiento para convivir, que van desde simples reglas de etiqueta hasta dogmas morales. Como nunca desaparece del todo el deseo de comportarse según los instintos que estas imposiciones bloquean, es a través de los chistes que escalamos las murallas de la civilización para regresar a disfrutar de la tierra salvaje de tiempos anteriores a su construcción.

Una de estas barreras se levanta en la infancia, cuando aprendemos a hablar y entendemos que hay una diferencia entre lo que tiene sentido y lo que no. Freud supone que los chistes que se basan en juegos de palabras son una forma socialmente aceptable de regresar a esa fase del crecimiento cuando todavía no se nos había prohibido entretenernos con libertad con la lengua. Cuando jugábamos en el patio de la escuela a hablar con solo una vocal o cuando cantábamos canciones infantiles que dejan de lado el sentido para priorizar el ritmo y la rima. Entonces, el tipo de chistes que juegan con las palabras de esta manera son un retorno a la infancia, a la musicalidad sin sentido del lenguaje.

...los chistes se encuentran en la posición única de rozar la mentira manteniendo siempre un corazón de verdad.

Otra manera en la que los chistes esquivan las limitantes de la cortesía y el buen comportamiento que impone la civilización es disfrazando la crítica, permitiendo así la entrada del juicio hiriente a la conversación educada de una manera sutil. Es descortés criticar la vestimenta de alguien, su apariencia o su actitud, pero las opiniones desfavorables comunicadas mediante un chiste son muchas veces bien recibidas. Qué tanto, claro, depende de la calidad del chiste, de su sutileza y capacidad de balancearse sobre la fina línea que divide la astucia indirecta del insulto descarado. Por supuesto que esto depende del talento de quien cuenta el chiste.

Bromear sobre las personas de nuestro entorno inmediato, o de instituciones y personajes públicos que ocupan puestos de poder, puede implicar consecuencias desagradables. No es buena idea criticar abiertamente a quienes se encuentran en la punta de la pirámide social, pues el riesgo de que se ofendan es muy alto, así como la posibilidad de que tomen represalias. Pero si se esconde la crítica en un chiste, no solo es más difícil que el criticado entienda lo que en verdad se está diciendo, sino que, gracias al efecto cómico y placentero de los chistes, también podamos ganárnoslo.

Esto también vale para la descarga de la libido, la energía sexual. Según Freud, los chistes de tono sexual sirven para enmascarar un verdadero deseo que, por mantener los buenos modales, no podemos expresar de manera libre delante de cualquier compañía. Sin embargo, al envolverlo en lo cómico, uno diluye los tonos más abiertamente sexuales. No dice, insinúa. La ambigüedad, en este caso, funciona como una trampa. Si el oyente se ofende o acusa al bromista de pasarse de la raya, este puede replicar que no dijo nada. Fue el oyente quien interpretó mal sus palabras. Después de todo, fue «solo una broma».

Así, los chistes nos permiten expresar pensamientos y deseos objetables de manera velada. Son graciosos por su forma, por los juegos de palabras y el doble sentido, así como por su carácter sorpresivo y ambiguo, por su astucia e ingenio. Pero lo que en verdad causa placer es que funcionan como una descarga de tensión psíquica. Como un gimnasta olímpico, los chistes saltan sobre las barreras construidas por la civilización, burlando obstáculos sociales internalizados. A la vez que nos permiten volver a disfrutar del libre juego del lenguaje, también nos regalan una manera de expresar todo eso que llevamos dentro sin decirlo explícitamente y mantener así siempre una puerta abierta por la cual escapar si alguien nos acusa de hablar en serio. Así que la próxima vez que alguien te diga que es «solo» una broma, tal vez valga la pena repensarlo.

«AL HACER A NUESTRO ENEMIGO ALGUIEN PEQUEÑO, MEZQUINO, DESPRECIABLE, CÓMICO, TOMAMOS UN CAMINO INDIRECTO PARA CONSEGUIR PARA NOSOTROS EL PLACER DE VENCERLO, LO QUE LA TERCERA PERSONA —QUE NO HA HECHO NINGÚN ESFUERZO— RESPALDA CON SU RISA».

«LO ESENCIAL ES EL PROPÓSITO QUE EL HUMOR REALIZA, YA SE AFIRME EN LA PERSONA PROPIA O EN UNA AJENA. QUIERE DECIR: "VÉANLO: ESE ES EL MUNDO QUE PARECE TAN PELIGROSO. ¡UN JUEGO DE NIÑOS, BUENO NADA MÁS QUE PARA BROMEAR SOBRE ÉL!"».

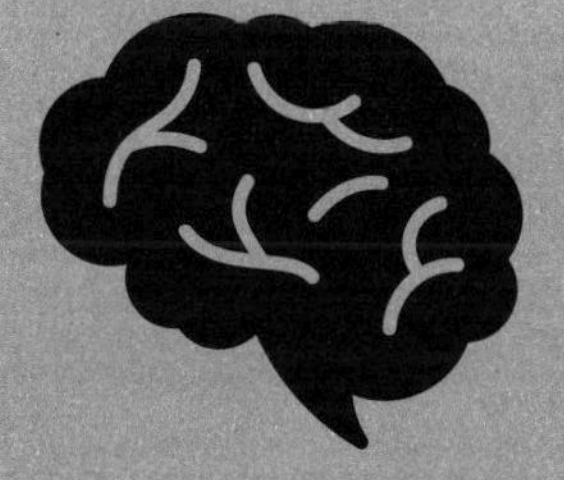

«EL POETA HACE LO MISMO QUE EL NIÑO QUE JUEGA: CREA UN MUNDO DE FANTASÍA AL QUE TOMA MUY EN SERIO, VALE DECIR, LO DOTA DE GRANDES MONTOS DE AFECTO, AL TIEMPO QUE LO SEPARA TAJANTEMENTE DE LA REALIDAD EFECTIVA».

EL ARTE BAJO LA LUPA

LECCIÓN 17

Para alguien como Freud, que pensaba todo el tiempo en cómo funciona la mente, el arte lo confundía. Le interesaba, citaba a poetas y coleccionaba antigüedades, pero decía ser incapaz de obtener placer alguno del arte a menos que supiera exactamente cómo un cuadro o una novela lograba crear una impresión emocional en él. ¿Cómo es posible —se preguntaba con su característico afán analítico— que el arte conmueva tanto? ¿Por qué nos causa placer, disgusto o alegría?

La respuesta estaba en el contenido de la obra, no en su excelencia artística. Suponía que, como los sueños, el arte es la realización de los deseos reprimidos del inconsciente. Un artista, con o sin intención, deja en sus obras la marca de sus obsesiones, conflictos y más profundos anhelos, como una huella dactilar sobre óleo mojado. Y es esto lo que nos conmueve. El poder emocional del arte, para Freud, no estaba en la destreza y elegancia con la que un artista pinta un paisaje, sino en lo que este revela sobre el artista.

En consecuencia, cuando se paraba frente a una obra de arte, la miraba con lupa, con un afán investigativo más que apreciativo. Creía que, si uno prestaba la debida atención, podía encontrar al artista escondido en cada una de sus obras, aunque no fueran autorretratos. Abordaba la interpretación artística como un análisis psicológico.

No estaba del todo equivocado. El proceso creativo es, en muchas maneras, un acto de introspección. Una manera de dirigir la lupa freudiana hacia el interior de nuestra cabeza e indagar en las partes más recónditas de nuestro ser. Esto puede que sea un proceso consciente y deliberado, pero también es posible que sea una acción involuntaria. Los artistas, después de todo, no discriminan entre lo consciente y lo inconsciente a la hora de crear.

Freud también creía que el arte era esencialmente una ruta de evasión, que era escapista: como no está bien visto imaginar que uno es un héroe que va por ahí derrotando dragones y salvando princesas pasada la infancia, el arte se convierte en la extensión del juego infantil. Sostenía que lo que hace la mayoría de los artistas es filtrar sus fantasías por un medio artístico para que sean socialmente aceptables. Dado que mientras el artista va creciendo, sus fantasías se vuelven más complejas, vergonzosas y hasta inmorales. Más razón para esconderlas, ya sea de manera deliberada o no.

Así, el arte revela mucho más de lo que inventa. Es un acto casi obligatorio de autoexpresión. Viéndolo de esta manera, es fácil comprender por qué a veces nos cuesta tanto compartir eso que hemos creado. Un poema, un cuadro o una canción es una oportunidad para que otros se asomen a nuestra cabeza y juzguen no solo la calidad de la obra, sino el cariz de nuestra identidad. El arte nos pone bajo la lupa y puede revelar cosas sobre nosotros de las cuales no somos conscientes.

...traer el concepto del inconsciente al análisis artístico, amplificó las reflexiones y le dio un lugar en el proceso creativo.

Aunque es verdad que las obras de arte están entrelazadas con las vidas de sus creadores, no se puede asumir que por eso son un calco exacto de sus conflictos interiores o fantasías reprimidas. Freud mismo, al estudiar las obras de Dostoievski y Leonardo da Vinci, sobrestimó la validez de muchas de sus inferencias y creyó encontrar indicios de un pasado traumático o un conflicto infantil inexistentes. La insistencia de que el arte es siempre un acto confesional no ha calado. No se puede asumir que toda obra de arte es, de alguna manera, autobiográfica.

Si bien la lupa freudiana no es infalible a la hora de interpretar el arte, traer el concepto del inconsciente al análisis artístico amplificó las reflexiones y le dio un lugar en el proceso creativo. Las profundidades de la mente humana, no solo la propia, cobraron definición. De esta manera, los detalles, relieves y texturas que la perspectiva de Freud descubrió se volvieron objetos de la investigación artística de los grandes creadores de la época, revolucionando el arte en todas sus facetas.

El movimiento surrealista, por ejemplo, adaptó muchas de las ideas centrales de Freud. Los surrealistas se dejaban llevar por los vaivenes de la mente a la hora de producir, sin detenerse a criticar, una técnica que llamaron *automatismo* y que es muy similar a la que el propio Freud utilizaba en su consultorio. Creían así alcanzar un nivel de autenticidad que la mente consciente no permitía. De esta manera, trajeron el inconsciente freudiano al mundo tangible. Asimismo, inspirados por su investigación onírica, se liberaron de las restricciones de la lógica y la razón para representar la riqueza simbólica de los sueños, creando obras de arte, como las de Salvador Dalí, que desdibujaron la línea que separaba lo real de lo imaginario.

El pensamiento de Freud también influyó para motivar la exploración artística en la literatura. Los autores de la vanguardia ensayaron nuevas técnicas para recrear con mayor fidelidad los procesos mentales que aquel había puesto sobre el mapa. Escritores como Virginia Woolf y James Joyce, por ejemplo, experimentaron con el *flujo de consciencia*, una técnica que buscaba imitar el carácter fluido y enredado de la mente que el analista había comenzado a delinear. De esta manera, ayudó a inaugurar una literatura preocupada por otorgarle a sus personajes una realidad psicológica rica, profunda y veraz.

Es curioso que nunca llegó a reconocer el valor de estas expresiones artísticas. Siempre valoró mucho más el arte clásico que los movimientos revolucionarios de su época. Por suerte, eso no evitó que los artistas lo apreciaran a él y el potencial de sus teorías. Al revelar la importancia del inconsciente a la hora de crear, Freud les regaló una nueva gama de colores con la cual pintar las partes más oscuras de la psique. Les dio también un lenguaje con el cual poner en palabras su monólogo interior. Su lupa, al final, se convirtió en un prisma, capaz de fragmentar un haz de luz blanca en varios colores.

«MENOS AÚN DEBERÍA RESPONSABILIZARSE AL ARTISTA POR EL DESTINO QUE TENGAN SUS OBRAS».

«LO QUE NOS CAUTIVA CON TANTO IMPERIO NO PUEDE SER OTRA COSA QUE EL PROPÓSITO DEL ARTISTA EN LA MEDIDA MISMA EN QUE ÉL HA CONSEGUIDO EXPRESARLO EN LA OBRA Y HACER QUE NOSOTROS LO APREHENDAMOS. SÉ QUE NO PUEDE TRATARSE DE UNA CAPTACIÓN MERAMENTE INTELECTUAL; ES PRECISO QUE EN NOSOTROS SE REPRODUZCA LA SITUACIÓN AFECTIVA, LA CONSTELACIÓN PSÍQUICA QUE PRESTÓ AL ARTISTA LA FUERZA PULSIONAL PARA SU CREACIÓN».

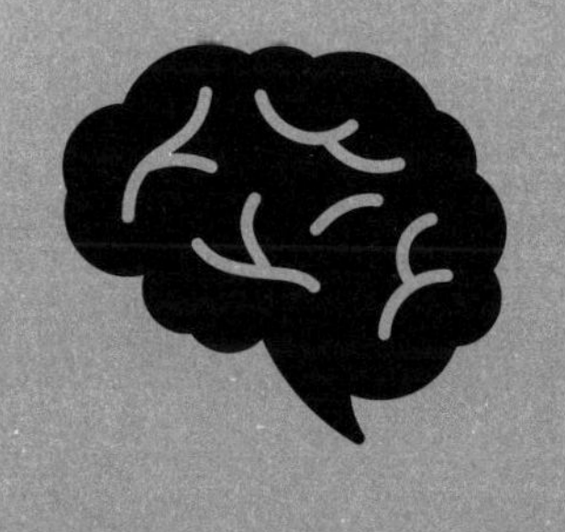

«NUESTRA LLAMADA CULTURA LLEVARÍA GRAN PARTE DE LA CULPA POR LA MISERIA QUE SUFRIMOS, Y PODRÍAMOS SER MUCHO MÁS FELICES SI LA ABANDONÁSEMOS PARA RETORNAR A CONDICIONES DE VIDA MÁS PRIMITIVAS».

LA CULTURA OCCIDENTAL EN EL DIVÁN

LECCIÓN 18

Sigmund Freud quería entender al ser humano, pero este no existe en un vacío. Dónde, cuándo y la cultura que, por los caprichos del destino, le han tocado experimentar, influyen en cómo vive. En *El malestar en la cultura* sentó a la civilización occidental de su época en el diván psicoanalítico. ¿El diagnóstico? La cultura de Occidente estaba muy enferma. Y era una enfermedad muy contagiosa.

Todos esos actos, costumbres y normas colectivas orientadas al orden y al progreso humano conforman la cultura, que para Freud, era la herramienta principal mediante la cual los seres humanos aprendemos a vivir en comunidad. Dada la influencia de las teorías científicas de su época, y siendo un firme creyente de la teoría evolutiva de Darwin, pensaba que entre las capacidades humanas que se habían privilegiado en la selección natural a lo largo de la historia, además de la fuerza y la inteligencia, estaba la capacidad para la cultura.

Estaba convencido que a las personas solo nos motiva la búsqueda del placer. Pero una comunidad regida solo por este instinto pronto nos sumiría en un caos absoluto, ya que entraríamos en conflicto en cuanto se viera bloqueado nuestro camino hacia el placer. El individuo capaz de frenar y manejar este instinto era, entonces, deseable, porque podía subordinar su búsqueda de placer a otras metas, como el crecimiento y la seguridad del colectivo, y así asegurar la continuidad de la especie. Por ello, la habilidad para la cultura, la capacidad para trabajar bajo un horizonte compartido, había sido progresivamente seleccionada en el proceso evolutivo hasta convertirse en una parte esencial de nuestra composición psicológica.

Como las muelas del juicio, que antes fueron la herramienta que permitía a los humanos masticar alimentos densos hasta que la evolución de la agricultura y la gastronomía las volvió casi obsoletas, Freud consideraba que la cultura de su época era un mecanismo arcaico ya superado por el desarrollo y el progreso. Ahora que los seres humanos habían alcanzado la madurez, la cultura, al igual que las muelas del juicio, generaban solo incomodidad. Su argumento era el siguiente: si para ser felices necesitamos gratificar nuestro instinto de placer, y la cultura actúa como un enorme dique diseñado para desviar, redireccionar o directamente impedir esta satisfacción, entonces la cultura es una de las causas de la infelicidad humana. Lo que antes había sido de gran ayuda, ahora era solo un dolor de muela.

La cultura, estaba enferma. No había sabido adaptarse con el tiempo y ahora reprimía demasiado al ser humano. Lo hacía a través de una infinidad de limitaciones a nuestro comportamiento, como los buenos modales y la educación, pero había, según él, dos aspectos que eran los más extendidos e insidiosos: la moral y la religión.

Estas reglas son lo único que se interpone entre la raza humana y su total descenso al caos. Consideraba la moral como el superyó colectivo de la raza humana, esa voz parental que castiga y censura, que frena y doma nuestros peores instintos. Así como un niño va aprendiendo poco a poco cómo debe comportarse a medida que crece, incorporando a su conducta una lista de reglas que debe seguir, la civilización occidental había desarrollado un código moral que se había aprendido de memoria y ahora se aseguraba, mediante leyes y castigos, de acatar.

Para Freud, las personas estamos motivadas por una sola regla: la búsqueda del placer.

Pero como nuestros instintos no son fáciles de frenar y una serie de normas arbitrarias no es una barrera de contención muy sólida, era necesario darle a la moral un cierto grado de autoridad. Este era, para Freud, el rol de la religión. Al entrelazar esta lista de normas en una cosmovisión con su propia lógica y visión del mundo, la religión le otorga a la moral una cierta solidez de la que, por sí misma, carece. Él pensaba en el cristianismo y el judaísmo, donde las normas son creadas y comunicadas por Dios. En la cosmovisión de estas religiones, el mandato de portarse bien lo dicta una figura omnipotente y omnisciente, una autoridad, en otras palabras, mucho más sólida que el prójimo.

Así es como la cultura nos reprime, sostenía. Utiliza la moral y la religión para dictar nuestro comportamiento y asegurar la convivencia. Algo necesario, claro, pero a un alto precio. Pues la cultura obstaculiza nuestro camino al placer y, así, hacia la felicidad. Cuando uno culpa a la sociedad de todas sus penas y problemas, no está del todo equivocado. Según Freud, tener siempre que acatar las reglas explícitas e implícitas de la sociedad y la cultura va directamente en contra de nuestros instintos más básicos, y eso es agotador. Estas ideas sobre la cultura, la religión y la moral son algunas de sus teorías que peor envejecieron. Es importante recordar que desarrolló el psicoanálisis a partir de casos muy extremos de patología. Sus pacientes sufrían de severos trastornos que no los dejaban llevar una vida plena. Al extrapolar sus teorías a un nivel más general, es inevitable que sus conclusiones estaban influenciadas por las afecciones que investigaba. Por eso no sorprende que considerara que la cultura estaba enferma. Donde un artista podría haber visto el rastro del instinto humano de la creación y la belleza, un científico la prueba del poder de la razón y el progreso, y un filósofo el intento de alcanzar un orden trascendental, Freud, el investigador por excelencia de la infelicidad humana, encontró la evidencia de las infinitas maneras en las que los humanos hacemos de la vida una experiencia miserable.

Es, sin duda, una visión pesimista de los logros humanos. Pero también es una perspectiva iluminadora. Al mirar el mundo a través del psicoanálisis demostró cómo nuestras necesidades psicológicas influyen en las estructuras sociales bajo las cuales vivimos. La religión y la moral eran, en su época, percibidas como instituciones trascendentales que nos habían sido impuestas por una fuerza más grande que nosotros. Pero Freud pensaba todo lo contrario: fueron creadas por la necesidad humana de orden y armonía.

«LA BELLEZA NO TIENE NINGUNA UTILIDAD OBVIA NI EXISTE NINGUNA NECESIDAD CULTURAL CLARA PARA ELLA. SIN EMBARGO, LA CIVILIZACIÓN NO PODRÍA PRESCINDIR DE ELLA».

«EL DESARROLLO CULTURAL LE IMPONE [AL INDIVIDUO] RESTRICCIONES, Y LA JUSTICIA EXIGE QUE NADIE ESCAPE A ELLAS».

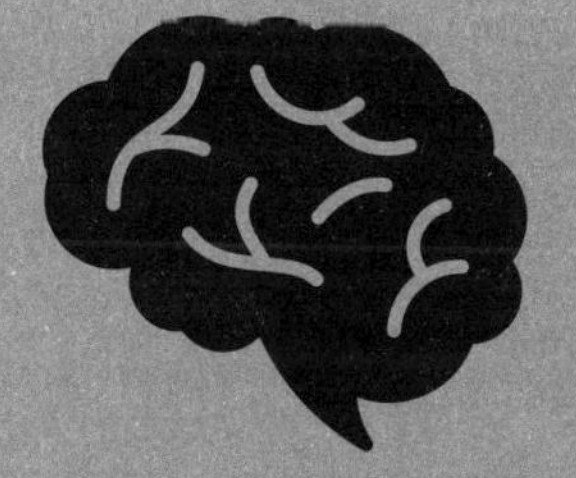

«COMO TODOS LOS SERES HUMANOS, HE TENIDO PREMONICIONES Y HE EXPERIMENTADO INFORTUNIOS, PERO UNAS Y OTROS NO COINCIDIERON ENTRE SÍ, O SEA QUE A LAS PREMONICIONES NO LES SIGUIÓ NADA Y EL INFORTUNIO SE ABATIÓ SOBRE MÍ SIN ANUNCIO PREVIO».

BATIDO POR LAS OLAS, PERO NO HUNDIDO

LECCIÓN 19

Entre todos los textos que escribió Freud, solo dos se pueden considerar autobiográficos. Uno se titula como tal, *Autobiografía*, y el otro *Historia del movimiento psicoanalítico.* Bien podría haber intercambiado los títulos sin afectar su contenido, pues su vida estuvo siempre tan entrelazada con el desarrollo del psicoanálisis que ambas historias son casi iguales. Del mismo modo, el título de esta lección describe tanto la vida de Freud como la disciplina que desarrolló.

Esta cita que eligió para simbolizar la historia del psicoanálisis está inscrita en latín en el escudo de armas de París y describe perfecto su filosofía de vida: la vida es como el mar, y tenemos que aprender a navegar si no queremos encallar. Enfatiza no solo el hecho de que siempre puede haber una tormenta que acecha en el horizonte, sino también la necesidad de saber mecernos con las olas y flotar cuando la vida nos empuja por corrientes inesperadas.

Sigmund se vió forzado varias veces a cambiar la dirección de su vida, empezando temprano en su carrera cuando tuvo que dejar su puesto como investigador científico. Era un trabajo que disfrutaba mucho, pero no bien remunerado, lo que le impedía mantener a la familia con la que soñaba. Optó finalmente por la medicina, una profesión mejor pagada. Esto lo llevó a interesarse por los trastornos mentales y, tras un largo camino, a fundar el psicoanálisis. Así pues, cuando una ola amenazó con azotar su barco, en vez de dejarse hundir, fue capaz de improvisar, de cambiar de dirección. Y, gracias a esto logró cartografiar mundos inexplorados.

Poco después, Freud empezó a trabajar junto al doctor Josef Breuer, un médico que también se interesaba por lo que en la época se conocía como la enfermedad de la histeria. No solo formaron una relación profesional, sino que se volvieron muy cercanos. Breuer era 14 años mayor que él, y varios historiadores han notado que tenían una relación casi de padre-hijo. Hasta que un desacuerdo profesional los distanció: según Freud relató años después, Breuer se rehusaba a admitir el rol fundamental que la sexualidad desempeñaba en el ámbito de los trastornos mentales que ambos investigaban. Creía que Breuer no era lo suficientemente valiente para enfrentarse al lado más oscuro y tabú de la psique humana. Por un lado, esto fue un duro golpe emocional para Freud; por el otro, vio en el rechazo de Breuer la prueba de que había dado con algo importantísimo de la condición humana que merecía ser explorado. Así terminó desarrollando su teoría sobre la sexualidad, una de las perspectivas más revolucionarias del psicoanálisis.

A veces es solo en retrospectiva que vemos lo bueno que subyace en lo malo.

El neurólogo podría haberse dejado llevarse por su cariño hacia Breuer y haber abandonado su investigación. Fue su compromiso con la verdad, siempre su norte, lo que lo mantuvo encaminado cuando el mar se puso más bravo. Ser flexible no significa carecer de integridad, sino ser capaz de diferenciar cuándo uno debe surcar las olas y cuándo esperar a que pase la tormenta y los cielos se despejen.

Sin duda dejar atrás lo que prometía ser una brillante carrera como investigador científico debe de haber sido muy frustrante para el joven Sigmund, pero en medio de una pelea con un querido amigo, encontró el aspecto positivo de la situación. A veces es solo en retrospectiva que vemos lo bueno que subyace en lo malo. Cuando escalamos una montaña tendemos a concentrarnos solo en el siguiente paso, preocupados por no caer. Cuando alcanzamos la cima podemos permitirnos voltear a ver los riscos y peñascos que tanto nos costó escalar y disfrutar de la vista gracias a nuestro esfuerzo.

No siempre fue capaz de mantener esta perspectiva en mente. Durante los primeros años del desarrollo del psicoanálisis se convirtió en un paria de la comunidad científica. Sus teorías no solo iban muchas veces en contra del consenso científico de la época, sino que además no se dejó constreñir por los tabús sociales. La investigación de Freud ahondaba en temas como la sexualidad infantil, los trastornos mentales y la homosexualidad, y todos estos ámbitos escandalizaban al público general. Fue víctima de críticas severas y estuvo, por años, aislado de la comunidad de psicólogos y otros profesionales de la salud. Al final, el psicoanálisis alcanzó renombre y respeto internacionales. Fue solo en ese momento que pudo mirar hacia atrás y apreciar el tiempo que pasó aislado con otros ojos. Llegó a decir que este aislamiento le había permitido trabajar, escribir y desarrollar sus teorías en paz, sin dejarse influenciar por las opiniones de los demás, pues sabía que, dados sus prejuicios, no podrían ser objetivos. Pero este cambio de perspectiva solo llegó con el tiempo.

También es verdad que no todos los obstáculos pueden ser transformados ni por el tiempo o por la voluntad. Hay tragedias en la vida que permanecen como tal: tragedias. Freud padeció de cáncer y la enfermedad marcó su vida con dolor. Es difícil imaginar que esto haya podido, de alguna manera, traerle algún beneficio u oportunidad. A veces nos azotan tormentas tan grandes y violentas que no queda más que esperar a que pasen. Pero el lema de Freud fue siempre un llamado a izar las velas y a tomar el timón. A hacer todo lo posible para navegar con la corriente y no contra ella. Recordar, cuando uno navega en mar abierto, que detrás de cada ola se esconde el horizonte y las posibilidades son infinitas.

«EL "AUTORRETRATO" MUESTRA CÓMO EL PSICOANÁLISIS SE CONVIERTE EN EL SENTIDO DE MI VIDA Y LUEGO SIGUE LA SUPOSICIÓN JUSTIFICADA DE QUE NADA DE LO QUE HE ME HA PASADO PERSONALMENTE MERECE INTERÉS APARTE DE MIS RELACIONES CON LA CIENCIA».

«CUANDO DESDE LOS EMBROLLOS Y LAS URGENCIAS DEL PRESENTE VUELVO LA MIRADA A AQUELLOS AÑOS DE SOLEDAD, QUIERE PARECERME QUE FUE UNA ÉPOCA HERMOSA, UNA ÉPOCA HEROICA; AL AISLAMIENTO ESPLÉNDIDO NO LE FALTAN VENTAJAS NI ATRACTIVOS».

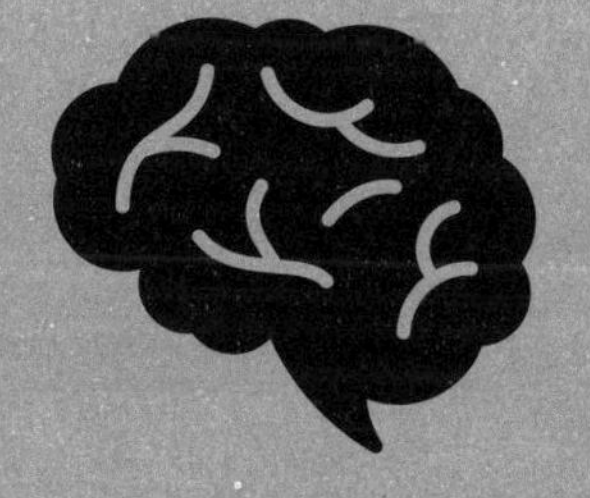

«¿QUÉ FINES Y PROPÓSITOS DE VIDA EXPRESAN LOS HOMBRES EN SU PROPIA CONDUCTA; QUÉ ESPERAN DE LA VIDA, QUÉ PRETENDEN ALCANZAR EN ELLA? ES DIFÍCIL EQUIVOCAR LA RESPUESTA: ASPIRAN A LA FELICIDAD, QUIEREN LLEGAR A SER FELICES [...]».

YO: PRIMERA PERSONA DEL PLURAL

LECCIÓN 20

Todos tenemos distintas maneras de dejar un legado para la posteridad, una herencia. Para algunos son sus hijos, otros su trabajo, hay múltiples formas como impactar en el mundo y en las personas. Hay quienes nunca piensan en cómo serán recordados cuando ya no estén; otros piensan en ello todos los días de su vida. A Freud le preocupaba cómo sería recordado, ¿borraría el tiempo su nombre del libro de la historia?

En 1900 le escribió a un íntimo amigo por carta: «¿Crees tú por ventura que en la casa alguna vez se podrá leer sobre una placa de mármol: "Aquí se reveló el 24 de julio de 1895 al doctor Sigmund Freud el secreto del sueño"?». Esta pregunta, hecha en un momento en el que él dudaba del éxito de su carrera profesional, cristaliza su deseo de querer contribuir de alguna manera al saber humano.

Si bien hoy en día el nombre de Freud conserva todavía un importante lugar en nuestra memoria cultural, sus teorías parecen obsoletas. Los avances tecnológicos y los descubrimientos de la ciencia moderna han desmentido mucho de lo que afirmó. La psiquiatría parece haber tomado el lugar del psicoanálisis, prometiendo soluciones más rápidas y curas totales para los problemas que tardaban años en sanar y que guardaban siempre, a pesar del tratamiento, el potencial de causar malestar.

Lo que Freud trajo al mundo fue en su momento una nueva y revolucionaria manera de ver al ser humano. Estas ideas parecen hoy relegadas a ámbitos distintos del territorio en el que fueron concebidas.

Desarraigado casi por completo de la psicología, el psicoanálisis se utiliza hoy como una perspectiva académica para analizar obras de arte. Su lenguaje se presta también en ocasiones para explicar algún curioso fenómeno social o cultural, pero ha dejado de ser el mapa principal que usamos para entendernos a nosotros mismos.

Freud estudió qué causaba la infelicidad humana.

No es insólito. La imagen que trazó Freud del ser humano es un ser acosado por el conflicto; condenado, como Edipo, a un destino del que no puede escaparse. Sostenía que el hombre está obligado por su propia naturaleza a luchar una y otra vez consigo mismo. No es una imagen esperanzadora o reconfortante de la vida, y no es sorprendente que hayamos desviado la mirada de lo que nos quería mostrar. Pero no por eso su perspectiva es menos fidedigna. Al contrario, podemos decir que las teorías freudianas sobre la psique humana tienen todavía mucho que enseñarnos. Si algo dejó Freud en claro, después de todo, es que la sabiduría se esconde justo en aquello que no queremos enfrentar.

Lo que reveló, y lo que nos cuesta tanto digerir, es que la palabra *yo* se queda corta a la hora de describir todo lo que somos. Él fragmentó al individuo en innumerables pedazos y dejó entrar la duda: ¿quién es ese yo que habla cuando decimos «yo quiero»? ¿Qué parte de nosotros dice «yo temo»? ¿Cuál de todos nuestros yos desea, cree o sueña? Freud utilizó el psicoanálisis como un bisturí y diseccionó la psique humana en diferentes partes: una que castiga y otra que reprocha, una que controla y otra que decide, una que desea y otra que actúa. Más allá, probó que hay un yo que recuerda y uno que olvida. La primera persona del singular no llega a encapsular la complejidad de impulsos, instintos, deseos y fantasías que forman nuestra identidad. Demostró también que estas partes están enredadas en un constante conflicto: somos nosotros quienes escondemos una memoria y luego la intentamos recuperar; nosotros quienes decidimos ir de viaje y al mismo tiempo nos sentimos mal por no ahorrar; somos nosotros quienes elegimos un trabajo y a la vez nos arrepentimos de la decisión apenas entramos a la oficina.

En nuestro día a día, sin embargo, consumidos por las tareas que implica el mero existir, no siempre somos conscientes del conflicto que llevamos dentro. Por eso podemos sentirnos confundidos por terminar cansados al final del día. Es difícil, además, en las conversaciones ordinarias que tenemos, reflejar las pequeñas batallas y grandes guerras que libramos en nuestra mente. Cuando alguien nos pregunta qué tal estamos, solemos decir que bien, aunque nos sintamos un poco decaídos, pero otra parte de nosotros, que desconocemos, ejerce presión y se siente muy frustrada por no poder expresar en palabras la complejidad de esta situación.

El psicoanálisis es la herramienta que Freud creó para darle un lenguaje a este conflicto. Y no solo imaginó un vocabulario para que las voces que llevamos dentro se hagan escuchar, sino que diseñó, a través de la cura por la palabra, un tipo específico de conversación. Cuando el psicoanalista dialoga con su paciente, está dejando hablar no a una sola persona, sino a todos los diferentes y antagónicos deseos, obligaciones e impulsos que esta lleva dentro de sí. El tratamiento psicoanalítico es un intento de traer todas estas partes conflictivas a la mesa de la consciencia para que dialoguen y, con un poco de suerte y mucho trabajo, lleguen a un acuerdo, a un estado de armonía.

El problema, claro, es que este proceso requiere mucho esfuerzo, y apenas se soluciona un conflicto, aparece otro; o un problema que en apariencia había sido resuelto, otra vez emerge. Freud sabía que vivir inevitablemente conllevaba la creación de nuevos conflictos todo el tiempo, y que el trabajo de que todos nuestros yos se entiendan es, por ende, igual de constante que interminable. No es fácil aceptar que estamos destinados a ser el mediador permanente en todas nuestras facetas. Pero esta es la meta a la que aspira el tratamiento psicoanalítico: la resolución, aunque sea temporal, del conflicto interno de las personas. Sin duda es un objetivo ambicioso; algunos dirían que imposible. Freud, aunque no negaba su dificultad, no solo lo creía posible, lo consideraba necesario.

Estudió qué causaba la infelicidad humana. Sus pacientes eran personas que no podían llevar una vida plena y satisfactoria, y quería saber la razón de esta incapacidad. Al final de su carrera se convirtió en un auténtico erudito de todas las diferentes y muy creativas formas en las que el ser humano se hace a sí mismo miserable. Descubrió que el denominador común de todas estas maneras somos nosotros. Esto, sin embargo, se puede poner de otra manera: somos también nosotros los responsables de la felicidad propia.

Hoy, en el lugar exacto donde Freud empezó a escribir su famoso libro *La interpretación de los sueños*, hay una placa que conmemora su contribución al saber humano. Es un saber que incomoda, que invita a desviar la mirada, porque, como bien nos enseñó, el ser humano es capaz de hacer casi cualquier cosa con tal de no confrontar pensamientos que le causan displacer. Y no hay nada menos placentero que la idea de que somos los responsables de cómo vivimos. Parece que hoy en día hemos reprimido este conocimiento. Tal vez es hora de volver a observar, con detenimiento, todo lo que nos enseñó sobre el ser humano y sobre cómo puede enmendarse.

«ECHANDO UNA OJEADA RETROSPECTIVA A LA OBRA DE MI VIDA, PUEDO DECIR QUE HE SIDO EL INICIADOR DE MUCHAS COSAS Y HE PRODIGADO NUMEROSAS INCITACIONES DE LAS QUE ALGO SALDRÁ EN EL FUTURO. YO MISMO NO PUEDO SABER SI SERÁ MUCHO O POCO. PERO TENGO DERECHO A FORMULAR LA ESPERANZA DE HABER ABIERTO EL CAMINO A UN IMPORTANTE PROGRESO EN NUESTRO CONOCIMIENTO».

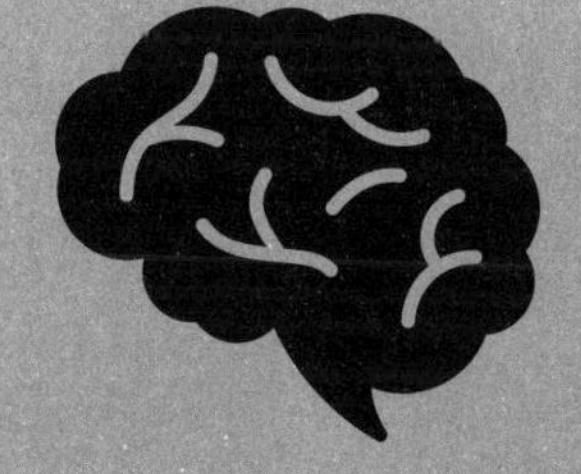

02

CRONOLOGÍA

1856

6 DE MAYO: nace Sigismund Schlomo Freud en Freiberg, Moravia, actual República Checa.

1859

La familia Freud se muda a Viena, Austria, debido a problemas económicos.

1875

Inicia sus estudios de medicina en la Universidad de Viena.

1879

14 DE MARZO: nace Albert Einstein en Ulm, Alemania.

1881

Se gradúa y obtiene el título de doctor.

1882

Se compromete con Martha Bernays.

Empieza a trabajar en el Hospital General de Viena.

1884

Publica *Sobre la coca.*

1885

Viaja a París. Conoce al neurólogo Jean-Martin Charcot.

Publica *Estudios sobre la histeria* junto con Josef Breuer.

1886

Se casa con Martha Bernays.

Abre una práctica privada especializada en enfermedades nerviosas.

1895

3 DE DICIEMBRE: nace su hija, Anna Freud, quien es considerada la fundadora del psicoanálisis infantil.

1899

Termina de escribir *La interpretación de los sueños.*

1900

Publica *La interpretación de los sueños* con el inicio del nuevo siglo.

1902

Se funda la Sociedad Psicológica de los Miércoles, el primer círculo de la historia del movimiento psicoanalítico.

1905

Publica *Tres estudios sobre teoría sexual* y *El chiste y su relación con lo inconsciente.*

1901

Publica *Psicopatología de la vida cotidiana.*

1907

6 DE JULIO: nace Frida Kahlo en Coyoacán, México.

1908

Tiene lugar la primera sesión del Congreso Psicoanalítico en Salzburgo.

Publica *Teorías sexuales infantiles*.

1909

Viaja a los Estados Unidos para dar cátedra en la Universidad Clark, Massachusetts.

Publica dos estudios sobre sus pacientes: *El Pequeño Hans* y *El Hombre de las Ratas*.

1910

Se funda la Asociación Psicoanalítica Internacional.

1913

Publica *Tótem y tabú*.

1917

Publica *Duelo y melancolía*.

1920

Publica *Más allá del principio del placer*.

1918

Publica el caso de *El Hombre de los Lobos*.

11 DE NOVIEMBRE: termina la Primera Guerra Mundial.

1914

28 DE JULIO: inicia la Primera Guerra Mundial.

1922

Albert Einstein recibe el Premio Nobel de Física.

1923

Es diagnosticado con cáncer oral.

Publica *El yo y el ello.*

1927

Publica *El porvenir de una ilusión.*

Se reúne con Albert Einstein en Berlín.

1929

24 DE OCTUBRE: Jueves Negro. Cae la Bolsa de Nueva York, marcando el comienzo de La Gran Depresión.

1930

Muere la madre de Freud.

Publica *El malestar en la cultura.*

Recibe el Premio Goethe.

1933

10 DE MAYO: los nazis queman sus libros en Alemania por considerarlos «subversivos».

1939

Publica *Moisés y la religión monoteísta.*

23 DE SEPTIEMBRE: muere a los 83 años, en Londres, Reino Unido.

1938

4 DE JUNIO: Freud y su familia emigran a Reino Unido.

1 DE SEPTIEMBRE: inicia la Segunda Guerra Mundial.

La lista de obras indicadas es tan solo una fracción de su producción total que abarca una extensa colección de cartas, prólogos, discursos, memorias, cátedras y casos clínicos.

FUENTES

Freud, S. (1988). Ensayos VII-XVI. Proyecto de una psicología para neurólogos y otros ensayos, en *Obras completas,* Ediciones Orbis, volumen 2 ~ p. **125**.

Freud, S. (2001). [1980]. *Obras completas,* Amorrortu editores, volumen 1 ~ p. **50**; volumen 2 ~ pp. **69, 74**; volumen 6 ~ pp. **53, 58, 101, 106, 165**; volumen 9 ~ p. **149**; volumen 11 ~ pp. **85, 90**; volumen 12 ~ p. **138**; volumen 13 ~ pp. **93, 154**; volumen 14 ~ pp. **45, 170**; volumen 19 ~ p. **34**; volumen 20 ~ pp. **21, 26, 61, 130, 133, 178**; volumen 21 ~ pp. **29, 37, 42, 141, 146**; volumen 23 ~ pp. **66, 109, 122**.

Freud, S. (2008). *Tres ensayos sobre teoría sexual,* Alianza editorial, ~ p. **117**.

Freud, S. (2010). *El malestar en la cultura y otros ensayos,* Alianza editorial. ~ pp. **114, 157, 162, 173**.

Freud, S. (2011). *La interpretación de los sueños,* Alianza editorial, volumen 1 ~ p. 77 ; volumen 2 ~ p. **82**.

Gay, P. (1988). *Freud: A Life for Our Time,* Norton & Company.

Lear, J. (2005). *Freud,* Routledge.

Rey de Castro, Á. (1995). *El texto inaugural del psicoanálisis: a cien años de Estudios sobre la histeria.* Lección inaugural del año académico de la Facultad de Letras, Pontificia Universidad Católica del Perú.

Roudinesco, E. (2015). *Freud. En su tiempo y en el nuestro,* Debate. ~ p. **5**.

Simon, B. & Blass, R. (2006). «The development and vicissitudes of

Freud's ideas on the Oedipus complex», en Jerome Neu (2006) *The Cambridge Companion to Freud,* Cambridge University Press.

Storr, Anthony. (2001). *Freud: A very short introduction,* Oxford University Press. ~ p. **98**.

Trilling, L. (1947). *Freud and Literature,* Horizon.

Sigmund Freud Museum: freud-museum.at/en